Gesegneter Tag
Ein spiritueller Begleiter

Gesegneter Tag

Ein spiritueller Begleiter
herausgegeben
von Martin Schmeisser

Beiträge von
Wolfgang Dietrich, Pinchas Lapide,
Huub Oosterhuis, Karl Rahner, Fulbert Steffensky,
Ulrich Wilckens und anderen

Eschbach

Die Deutsche Bilbliothek – CIP-Einheitsaufnahme

Gesegneter Tag:
Ein spiritueller Begleiter/
herausgegeben von Martin Schmeisser. –
Eschbach/Markgräflerland: Verlag am Eschbach, 1996
ISBN 3-88671-135-8
NE: Schmeisser, Martin (Hrsg.)

Konzeption und Textauswahl:
Martin Schmeisser, Verlag am Eschbach.

Schutzumschlag nach einem Entwurf von
Alois Günther, Atelier für visuelle Gestaltung, Zug
unter Verwendung eines Fotos von Ulrike Schneiders, Breitbrunn
„Lavendelfeld, Plateau de Valensole, Alpes de Haute-Provence“.
Gedicht „Der Tag“ von Rose Ausländer
aus: dies., Wieder ein Tag aus Glut und Wind
Gedichte 1980–1982

Reproduktion: Fa. Pensky, Karlsruhe.
Satz und Druck: B&K Offsetdruck GmbH, Ottersweier.
Verarbeitung:
Großbuchbinderei Josef Spinner, Ottersweier.

Inhalt

Bitte 7

Segnen
Gedanken zu einer Geste 8

Segnende Hände 15

Alle Morgen neu
Für die Wunder danken, die täglich um uns sind 16

Der Tag 16
Versöhnung 19
Staunen und danken 20
Morgensegen 25
Segen über Brot und Wein 30
Abendsegen 32

Leben von Tag zu Tag
Die Lebenskunst des Kohelet 33

Gesegnet 43

Alltägliche Dinge
Theologische Meditationen über Arbeit, Gehen, Sitzen, Sehen, Lachen, Essen, Schlaf 45

Psalm 61

Innehalten
Am Anfang, in der Mitte und am Ende des Tages 62

Der Morgen 62
Jeden Tag aufstehen 64
Rat 66
Wegsegen 69
Die Tagesmitte 70
Zeit für das Beten 72
Der Abend 73
Am Ende 75
Loslassen 76
Licht anzünden 78
Um Segen bitten 80
Nachtgebet (nach der Komplet) 81
Aus Hoffnung schlafen 88

Vielfältiger Segen
Jochen Kleppers Tagzeitenlieder
als geistliche Zäsuren 89

Oase in der Zeit
Von der „Wonne des Sabbats" 104

Charta einer Sabbatkultur 119

Ich will dich segnen, und du sollst ein
Segen sein
Der Segen im Judentum 124

Zuspruch 141

Verzeichnis der Autoren, Texte und Quellen 142

Bitte

Wir werden eingetaucht
und mit den Wassern der Sintflut gewaschen,
wir werden durchnäßt
bis auf die Herzhaut.

Der Wunsch nach der Landschaft
diesseits der Tränengrenze
taugt nicht,
der Wunsch, den Blütenfrühling zu halten,
der Wunsch, verschont zu bleiben,
taugt nicht.

Es taugt die Bitte,
daß bei Sonnenaufgang die Taube
den Zweig vom Ölbaum bringe.
Daß die Frucht so bunt wie die Blüte sei,
daß noch die Blätter der Rose am Boden
eine leuchtende Krone bilden.

Und daß wir aus der Flut,
daß wir aus der Löwengrube und dem feurigen Ofen
immer versehrter und immer heiler
stets von neuem
zu uns selbst
entlassen werden.

Hilde Domin

Segnen

Gedanken zu einer Geste
von Fulbert Steffensky

Ich möchte erzählen, wie mich ein Mensch gesegnet hat. 1960 war ich zum ersten Male in Israel. Damals als Deutscher in diesem Land zu sein, war durchaus nicht selbstverständlich. Ich freundete mich mit einem Israeli an, einem Mann meines Alters, der in Auschwitz gewesen war. Es war eine der raschen, intensiven Freundschaften, in denen die Partner nicht nur sie selber waren; sie standen auch für ihre Herkunft, der eine aus dem Land der Opfer, der andere aus dem Land der Henker. Jener neue Freund mußte nach Deutschland, und es ergab sich, daß wir die Reise zurück nach Düsseldorf gemeinsam machen konnten. Kurz vor der Landung zog der Freund sein Notizbuch aus der Tasche, riß ein Blatt heraus, schrieb etwas darauf und steckte es mir zu. „Gott behüte Dich!" hatte er darauf geschrieben. Dieser Zettel liegt heute noch bei mir auf dem Schreibtisch. Was hat dieser Mensch getan, der übrigens von sich selbst sagte, er sei Atheist? Was habe ich von ihm erfahren?

Zunächst hat er unsere neue Freundschaft und unseren Abschied nicht stumm gelassen. Er hat sie ins Wort und in eine Geste gerettet. Er hat sie inszeniert, und er hat ihr eine poetische Gestalt gegeben. Die Wünsche, die dieser Mensch für mich hatte, blieben nicht in seinem Herzen eingekerkert. Sie blieben nicht innerlich, ohne Namen und ohne Figur. Ihre Kraft und ihre Langlebigkeit fanden sie, indem sie als Wort und als Geste nach außen traten. Die Äußerung rettet die Innerlichkeit; die Form rettet den Inhalt – noch mehr: die Form konstituiert den Inhalt. Die Figur rettet das Leben. Dies sage ich gegen einen bürgerlich-protestantischen Subjektbegriff, in dem das Wesentliche und Eigentliche des Menschen als Herz, als Inneres und als Innerlichkeit gedacht ist. Die Äußerung, die Geste, die Darstellung seien eher entbehrliche Äußerlichkeit, zufälliges Gefäß des Eigentlichen, wichtig der Geist und das Herz. Vielleicht hält sich in dieser Auffassung ein Stück der leibfeindlichen Traditionen. Die Kraft der Form und der Gestaltung möchte ich an zwei Beispielen beschreiben.

Ich habe immer wieder mit Studierenden zu tun, deren Depression, Arbeitsunfähigkeit oder die Unfähigkeit, Zeit zu gestalten, gerade vor ihrem Examen aufbricht. Es ist wie ein Zusammenbruch ihrer Lebenskonturen. Sie können sich die Zeit nicht einteilen. Sie verschieben es, zu Bett zu gehen; sie verschieben es aufzustehen. Sie können Abmachungen nicht einhalten, kein Buch lesen. Sie versinken in Formlosigkeit. Unglück und Depression werden oft mit den Symbolen des Wassers beschrieben: ein herabziehender Strudel, das wegreißende Wasser, das Meer von Schmerz. Neben der Stärke des Unglücks, die im Bild des Wassers symbolisiert wird, heißt Wasser und Meer auch, daß eine Sache keine Grenze hat: das unendliche Meer, das keinen Anfang und kein Ende hat, in sich keine Kontur und Struktur. Solche Studierenden besuchen mich nun einmal in der Woche, und wir treffen eine bescheidene Abmachung, die eine Figur oder eine Form in den ungegliederten Ablauf der Zeit bringt. Wir machen zunächst ab, wann der Student aufsteht. Wir verabreden, daß er einmal am Tag ein Essen ißt, das als Mahl gekennzeichnet ist, d.h. daß er nicht nur aus dcm Kühlschrank ißt, wenn er zufällig Hunger hat. Wir verabreden, daß er zu bestimmten Zeiten des Tages ein Gedicht liest, einen Spaziergang macht, daß er sich eine bescheidene und feste Lesezeit vornimmt. So bauen wir in Wochen Form um Form, bis das Leben wieder eine erkennbare Figur hat. Und diese Figur baut den Menschen von außen nach innen. Er findet sich bezeichnet und gegliedert, und er fühlt sich nicht mehr im Meer der ungegliederten Zeitlosigkeit. So wie es also eine Versklavung des Menschen durch die falschen Formeln gibt, so gibt es auch die Versklavung durch die Formlosigkeit und die Gefangenschaft im Chaos.

Mein zweites Beispiel für die Lebenskraft der Gestaltung: Ich war einige Jahre Vertrauensdozent einer Studienstiftung. Im Dezember 1983, am Tag des Raketenstationierungsbeschlusses im Bundestag, waren die Studierenden dieser Stiftung in Hamburg bei mir zu Gast. Eben hatten sie den Ausgang der Abstimmung erfahren. Sie hatten erfahren, daß die Raketen stationiert werden sollten. Es war ja auch eine Abstimmung über ihre eigene Zukunft. Sie waren voller zerstörerischer Wut; einige hatten getrunken. Der Raum knisterte von unbenannter, diffuser und destruktiver Hoffnungslosigkeit. Der Ausgang der Wahl hatte ihnen die Sprache verschlagen. Nur hier und da durchbrachen Satzfetzen die brütende Stummheit. Unter ihnen war eine Musikstudentin, die ihre Flöte dabei hatte. Die junge Frau sagte plötzlich: „Ich werde euch jetzt ein Stück von Debussy vorspielen." Sie erklärte den Inhalt des Stückes: Der Gott Pan verfolgt eine Nymphe. Sie flieht vor ihm und kommt an einen Fluß. Das Schilf hilft ihr und verwandelt sie in ein Schilfrohr. Der stürmende Gott fährt über das Schilf und beugt es. Aber er erkennt die Nymphe nicht, und sie ist gerettet. Dann spielte die Studentin das Stück, und eine fast handgreifliche Verwandlung war zu spüren. Die diffuse und ungestaltete Wut wurde zu Zorn, also zu einer würdigen Fähigkeit des Menschen. Die Gestaltung und die Aufführung der Gefühle in der Musik gab ihnen ihre produktive Kraft und machte die Stummheit zu einem Lied. Die Hoffnung und der Glaube der Menschen hängt auch davon ab, ob man sie dramatisieren und ins Spiel bringen kann, ob man ihnen eine Gestalt und eine Form geben kann. Die Form rettet, wie die Formlosigkeit und Ungestaltetheit den Menschen verschlingt. Der Mensch kann zerstört werden durch die neurotischen Überfiguren, die dem Leben aufgepreßt werden. Vielleicht war das die Gefahr von gestern. Die Gefahr von heute, die Gefahr einer traditionsfreien und verstädterten Gesellschaft, ist eher die Sprachlosigkeit und das Versinken im unbezeichneten Leben. Die Wünsche bleiben ohne Geste. Damit sind sie vom Untergang bedroht.

Ich komme zurück auf mein Beispiel. Der israelische Freund hat seine Wünsche nicht stumm gelassen. Er hat ihnen im Segen eine Gestalt gegeben. Für diesen Segen bedient er sich einer Sprache, die nicht seine eigene ist. Er hat sie sich geliehen. Er selber erklärt sich als Atheist, und er schreibt: Gott behüte dich! Er macht sich widersprüchlich. Er steht nicht hinter dieser Sprache; sie ist nicht gedeckt und verantwortet durch seinen eigenen religiösen Glauben, aber er spricht sie. Dazu eine kleine Gegengeschichte: Während des Golfkrieges haben Studierende aus dem Fachbereich Theologie regelmäßig Andachten in St. Jacobi in Hamburg gemacht. In ihrer eigenen und in der alten Sprache haben sie ihren Zorn, ihre Klage und ihre Wünsche ausgedrückt. An einem Punkt hatten wir Streit miteinander: Sie erklärten, sie könnten am Ende der Andachten den Segen nicht geben. Hinter der Fülle dieses Wortes und dieser Geste könnten sie nicht stehen. Die Situation habe ihre Hoffnung und ihre Sprache beschädigt, und es sei besser und redlicher, in segenslosen Zeiten keinen Segen zu geben. Sie wollten mit ihrem Glauben und ihrem Herzen verantworten, was sie tun, und dieser Glaube war gestört. Sie wollten mit sich selber in Übereinstimmung bleiben, auch in ihren Zweifeln.

Der Freund macht es anders. Er ist Atheist und als solcher nicht in Übereinstimmung mit den Worten, die er spricht, und er spricht sie. Der Segen ist eine Form der Äußerung des Glaubens und der Hoffnung wie vielleicht keine andere, in der zwei Menschen von sich selber absehen, der Segnende und der Gesegnete. Der Gesegnete: Er erlaubt sich den Sturz in das Versprechen der Geste und des Wortes. Einmal nicht zweifeln müssen; einmal nicht fragen müssen, wo das Versprechen seinen Ort der Erfüllung hat; wenigstens an dieser Stelle nicht bestehen müssen auf dem eigenen Zweifel, auf der eigenen Halbheit; auf dem Leben, das durch sich selber nicht gerechtfertigt ist. Einmal die Fülle nicht erringen müssen, wie sie Jakob dem Fremden abgerungen hat. Das ist nicht leicht, denn es ist schwer, sich trösten zu lassen. Es ist schwer, ein Unverdientes und ein durch mich selber nicht Gerechtfertigtes anzunehmen. Vielleicht ist der Segen die dichteste Stelle der christlich-jüdischen Glaubensäußerung, weil dort dramatisiert wird, was Gnade ist: nicht erringen müssen, wovon man wirklich lebt; sich nicht bannen lassen durch die eigenen Zweifel, durch die Zersplitterung des eigenen Lebens. Ich muß nicht nur ich selber sein, ich stürze in den Abgrund des Schoßes Gottes, und ich weiß nicht, was ich tue.

Ebenso sieht der Segnende von sich ab, wie der Freund von sich abgesehen hat, als er die Sprache sprach, die ihm nicht gehörte. Er steht nicht für das Versprechen, das er gibt. Er spielt ein Spiel, dessen Regeln und dessen Ausgang er nicht garantiert. Vielleicht ist das die Demut der Segnenden: sie erschaffen die Welt nicht. Sie spenden etwas, was sie nicht haben. Ihre eigene Blöße hält sie nicht ab, aufs Ganze zu gehen und Gott als Versprechen zu geben, selbst wenn sie an ihm zweifeln. Sie sind schlechte Buchhalter. Sie bilanzieren nicht und geben nicht nur, was sie haben. Sie beschränken sich nicht auf die unpoetische Redlichkeit, die sagt, was sie verantworten kann; gibt, was sie hat; nur das verspricht, was sie halten kann. Fallen läßt sich also nicht nur der Gesegnete; fallen läßt sich auch der Segnende in die Sprache und in den Gestus, die größer sind als sein Herz.

Der Segen nennt Gott. Wer Gott nennt, braucht nicht selber Gott zu sein. Wer an das Leben glaubt, braucht das Leben nicht selber zu fabrizieren. Er muß nicht Autor der Welt und ihrer Zusammenhänge, nicht vollständiger Macher des Lebens sein. Das heißt natürlich nicht, daß der Mensch entwichtigt ist und davon dispensiert, das Leben zu wärmen und ihm zu sich selber zu verhelfen. Aber er muß nicht Garant des Lebens sein und dieses selber immer auf den eigenen Schultern tragen. Nicht immer stark, gesund, unfehlbar, unanfechtbar und allmächtig, kann er auch schwach, berührbar und gebrochen sein. Er kann sterben, ohne daß die Welt zusammenbricht. Ein Mensch muß nicht für die Ganzheit stehen, weder für die eigene noch für die Ganzheit der Welt. Wer Gott nennt, braucht weder sich selbst noch der Welt ständig in der Attitüde des Machers gegenüberzustehen. Er ist fähig, darauf zu verzichten, das Leben herbeizuzwingen. Das ist die Voraussetzung einer tiefen inneren Gewaltlosigkeit. So ist der Segen nicht irgend ein religiöser Brauch. Er ist die Grundgeste des Christentums und des Judentums.

Der Segen als die Annahme des Nicht-Selbst-Gemachten hat es nicht leicht in einer Zeit, in der die macherischen Fähigkeiten des Menschen ins Immense gewachsen sind und in der die pathische Begabung zugleich verkümmert ist. Der Mensch fühlt sich – zumindest in der westlichen Welt – allein als Macher gerechtfertigt. Sein Selbstverständnis bricht zusammen, wo er sich nicht mehr als Macher erfahren kann oder wo er als Macher an seine Grenze stößt. Kann man in dieser Zeit mit der eigenen Grenze leben, mit der eigenen Gebrochenheit? Kann es geglückte Niederlagen geben, und kann man auf etwas anderes hoffen als auf die eigene Stärke? Es hat einmal eine Zeit gegeben, in der die Menschen darauf verzichteten, mit sich selber auszukommen; in der die Menschen wußten, daß die Schwäche und die Begrenztheit zu ihnen gehören wie die eigene Schwester; in der sie wußten, daß sie aus Begrenztheit, Leiden und Schwäche lernen können. „Pathosmathos“ haben sie gesagt – Leiden ist lernen *(Aischylos)*. Kann das sein in einer Kultur, in der die einzige Lebensrechtfertigung und Lebenshoffnung in der Selbstfabrikation besteht? Vielleicht wird deutlich, daß im Segen eine ganze Anthropologie verdichtet ist: empfangen, was man nicht erarbeitet hat; spenden, was man nicht hat. Das ist das große Spiel der Freiheit von allen Selbstherstellungszwängen.

Segnende Hände

Zwei hände
berühren ein haupt
zärtlich, bestimmt
und teilen aus
teilen mit:

ich gebe dir etwas mit
von meiner kraft
und teile mit dir
meine freude
ich möchte dir
hoffnung mitgeben
ich habe dich gern
ich traue dir etwas zu
und bin für dich
mitverantwortlich
ich begleite dich
ich will für dich dasein
dich ermutigen
und mittragen
du bist etwas wert
und hast einen auftrag
den du erfüllen sollst
ganz als mensch
mit gottes kraft

und jetzt und heute
sollst du damit beginnen
denn du bist gesegnet
um segen zu sein

Almut Haneberg

Alle Morgen neu

Für die Wunder danken, die täglich um uns sind

Der Tag

„Und Gott schied das Licht von der Finsternis
und nannte das Licht Tag und die Finsternis Nacht.
So ward aus Abend und Morgen der erste Tag.“

1. Mose/Genesis 1, 4 und 5

Das erste vollendete Werk Gottes ist der Tag. Gott schafft am Anfang den Tag. Der Tag trägt alles andere, im Wechsel des Tages lebt die Welt. Der Tag hat eigenes Sein, eigene Gestalt, eigene Macht. Er ist nicht der physikalisch verständliche Umlauf der Erde um die Sonne, der berechenbare Wechsel von Dunkel und Licht, er ist über all das hinaus etwas, das das Wesen der Welt und unserer Existenz bestimmt. Er ist – fast möchte man sagen, wenn es nicht so schlecht hierher paßte, – das, was wir eine mythologische Größe nennen. Die Tages- und die Nachtgötter, die nach heidnischem Glauben die Welt beseelen und erfüllen, sind hier zwar gänzlich entthront, aber dennoch bleibt der Tag das erste Geschöpf Gottes, das Wunderbare und Mächtige in der Hand Gottes.

Uns ist der Tag in seiner Geschöpflichkeit und Wunderbarkeit ganz versunken. Wir haben uns seiner Macht entzogen. Wir lassen uns durch ihn nicht mehr bestimmen. Wir berechnen und verrechnen ihn, wir lassen ihn uns nicht schenken, wir leben ihn nicht. Heute weniger denn je, die Technik ist der Kriegszug gegen den Tag. Auch die Bibel redet von ihm schon so, wie wir – rechenhaft – von ihm reden. Aber sie weiß eben auch noch, daß der Tag nicht dieser rechenhafte Tag des Erdumlaufes ist, sondern daß er der große Rhythmus, die natürliche Dialektik der Schöpfung ist.

Daß das Ungestalte am Morgen zur Gestalt wird und des Abends ins Gestaltlose zurücksinkt, daß das helle Gegenüber des Lichtes sich auflöst zur Einheit im Dunkel, daß der lebendige Lärm im Schweigen der Nacht verstummt, daß dem gespannten Wachen im Licht der Schlaf folgt, daß es Zeiten (die über den physikalischen Tag weit hinausgehen) des Wachens und des Schlummerns in der Natur, in der Geschichte, in den Völkern gibt – das alles ist es, was die Bibel meint, wenn sie von der Schöpfung des Tages redet, von dem menschenlosen Tag, der alles, auch das Menschenlos, trägt. Der Rhythmus, der Ruhe und Bewegung in einem ist, der schenkt und nimmt und wieder schenkt und wieder nimmt, der so der ewige Hinweis auf Gottes Schenken und Nehmen ist, auf Gottes Freiheit jenseits von Ruhe und Bewegung – das ist der Tag.

Wenn die Bibel von sechs Schöpfungstagen spricht, so mag sie wohl an den Tag von Morgen und Abend gedacht haben, aber sie hat eben auch diesen Tag nicht rechenhaft gemeint, sondern sie hat ihn gedacht als die Macht des Tages, die den physikalischen Tag erst zu dem macht, was er ist, als die natürliche Dialektik der Schöpfung. Das physikalische Problem steht hier überhaupt nicht zur Diskussion, wo von „Tag“ geredet wird. Es tut dem biblischen Denken keinen Eintrag, ob die Schöpfung in Rhythmen von Jahrmillionen oder in einzelnen Tagen geschehen ist, wir haben keinen Anlaß, das letztere zu beteuern noch das erstere zu bezweifeln. Aber die Frage als solche geht uns nichts an. Daß der biblische Autor, sofern sein Wort Menschenwort ist, seiner Zeit, seiner Erkenntnis, seinen Grenzen verfallen ist, wird ebenso wenig bestritten, wie daß durch dieses Wort nur Gott selbst von seiner Schöpfung zu uns redet. Die Tagewerke Gottes sind die Rhythmen, in denen die Schöpfung ruht.

Dietrich Bonhoeffer

Dies nehme ich zu Herzen,
darum hoffe ich noch:
Die Güte des Herrn ist's,
daß wir nicht gar aus sind,
seine Barmherzigkeit hat noch kein Ende,
sondern sie ist alle Morgen neu,
und deine Treue ist groß.

Der Herr ist mein Teil, spricht meine Seele;
darum will ich auf ihn hoffen.
Denn der Herr ist freundlich dem,
der auf ihn harrt,
und dem Menschen, der nach ihm fragt.
Es ist ein köstlich Ding, geduldig zu sein
und auf die Hilfe des Herrn zu hoffen.

Klagelieder 3, 21–26 nach der Übersetzung Martin Luthers

Versöhnung

Wieder ein Morgen
ohne Gespenster
im Tau funkelt der Regenbogen
als Zeichen der Versöhnung

Du darfst dich freuen
über den vollkommenen Bau der Rose
darfst dich im grünen Labyrinth
verlieren und wiederfinden
in klarer Gestalt

Du darfst ein Mensch sein
arglos

Der Morgentraum erzählt dir
Märchen du darfst
die Dinge neu ordnen
Farben verteilen
und wieder
schön sagen

an diesem Morgen
du Schöpfer und Geschöpf

Rose Ausländer

Staunen und danken

Das tiefe und unaufhörliche Bewußtsein vom Wunder des Daseins ist zu einem Teil des religiösen Bewußtseins der Juden geworden. Dreimal am Tag beten wir: „Wir danken Dir ... für Deine Wunder, die täglich um uns sind, für Deine unaufhörlichen Wunder." In der Abendliturgie zitieren wir die Worte Ijobs (9,10): „Er tut große Dinge, die nicht zu erforschen sind, Wunder ohne Zahl." Allabendlich sagen wir: „Er erschafft das Licht und macht das Dunkel." Zweimal am Tag sagen wir: „Er ist Einer." Welchen Sinn haben solche Wiederholungen? Eine wissenschaftliche Theorie, die einmal formuliert und akzeptiert ist, braucht nicht zweimal täglich wiederholt zu werden. Aber die Erkenntnis, daß es Wunderbares gibt, muß unaufhörlich lebendig gehalten werden. Weil tägliches Staunen nötig ist, muß es tägliche Anbetung geben.

Der Sinn für die „Wunder, die täglich um uns sind", der Sinn für die „unaufhörlichen Wunder" ist die Quelle des Gebetes. Es gibt keine Anbetung, keine Musik, keine Liebe, wenn wir die Segnungen oder die Niederlagen des Lebens für selbstverständlich halten. Keine Routine der sozialen, physischen oder physiologischen Ordnung darf das Gefühl der Überraschung betäuben, daß es überhaupt eine soziale, eine physische und physiologische Ordnung gibt. Wir werden dazu erzogen, unser Gefühl des Staunens lebendig zu erhalten durch das Gebet, das wir vor dem Genuß der Nahrung sprechen. Jedesmal, wenn wir ein Glas Wasser trinken wollen, rufen wir uns das ewige Geheimnis der Schöpfung ins Gedächtnis: „Gesegnet seist Du, ... durch dessen Wort alle Dinge ihr Leben erhalten."

Ein alltägliches Tun und ein Hinweis auf das höchste Wunder! Beim Genuß von Brot und Früchten, bei der Freude an einem schönen Duft oder an einem Glas Wein, wenn wir zum ersten Mal wieder eine Frucht der Jahreszeit genießen, beim Anblick eines Regenbogens und des Ozeans, beim Anblick blühender Bäume, wenn wir einen Weisen der Thora oder der weltlichen Wissenschaft treffen, beim Vernehmen guter oder schlechter Nachrichten – wir sind gelehrt worden, Seinen hohen Namen anzurufen und uns Seiner bewußt zu sein. Selbst wenn wir eine physiologische Funktion erfüllen, sagen wir: „Gesegnet seist Du, ... Du heilst alles Fleisch und tust Wunder."

Dies ist eins der Ziele jüdischer Lebensweise: alltägliches Tun als ein geistliches Abenteuer zu erfahren, die in allen Dingen verborgene Liebe und Weisheit zu fühlen.

Im Gesang vom Roten Meer heißt es: „Herr, wer ist Dir gleich unter den Göttern? Wer ist wie Du, hoheitsvoll in Heiligkeit, erhaben in herrlichen Taten, der da Wunder tut?" (Ex 15,11).

Die Rabbinen haben darauf aufmerksam gemacht: „Es steht nicht geschrieben: der Wunder tat, sondern: der Wunder tut. Er tat und tut noch immer in jeder Generation Wunder für uns, wie gesagt ist: „Wunderbar sind Deine Werke, und das erkennt meine Seele wohl" (Ps 139,14).

Rabbi Elieser spricht: „Erlösung und Brotverdienen könnten miteinander verglichen werden. Wunderbar ist das Brotverdienen, und wunderbar ist die Erlösung der Welt. Und wie wir jeden Tag unser Brot verdienen, so ist auch Erlösung da an jedem Tag."

König David sagte: „Ich werde Zeugnis ablegen von der Liebe des Heiligen, Er sei gesegnet, und von den Wohltaten, die Er an Israel tut, Stunde um Stunde, und Tag für Tag. Tag für Tag wird der Mensch verkauft (in die Sklaverei), und Tag für Tag wird er freigekauft; jeden Tag wird die Seele des Menschen von ihm genommen und seinem Schöpfer überliefert, am Morgen wird sie ihm zurückgegeben, wie geschrieben steht: ‚In Deine Hände befehle ich meinen Geist. Du hast mich erlöst, Du Gott der Treue' (Ps 31,6). Jeden Tag geschehen Wunder wie damals beim Exodus; jeden Tag erfährt der Mensch Erlösung wie jene, die aus Ägypten auszogen; jeden Tag wird er an der Brust seiner Mutter genährt, jeden Tag wird er bestraft für sein Tun wie ein Kind von seinem Lehrer."

Abraham J. Heschel

Ein Psalm Davids

Herr, du erforschest mich und kennst mich.
Ich sitze oder stehe auf, so weißt du es,
du verstehst meine Gedanken von ferne.
Ich gehe oder liege, so bist du um mich
und siehst alle meine Wege.
Ja, es ist kein Wort auf meiner Zunge,
das du, Gott, nicht wüßtest.
Von allen Seiten umgibst du mich
und hältst deine Hand über mir.
Das ist zu wunderbar, zu unbegreiflich,
zu hoch für meine Gedanken.

Wohin soll ich gehen vor deinem Geist?
Wohin fliehen vor deinem Angesicht?

Steige ich zum Himmel, so bist du da,
verberge ich mich im Tode,
so bist du auch dort.
Nehme ich Flügel der Morgenröte
und bleibe am äußersten Meer,
so wird deine Hand mich finden
und deine Rechte mich fassen.
Spreche ich: Dunkel möge mich decken
und Nacht statt Licht um mich sein!
So ist auch Finsternis nicht finster für dich,
und die Nacht leuchtet wie der Tag.

Denn du hast mich bereitet,
meinen Leib und meine Seele,
du hast mich so fein gewoben
im Leib meiner Mutter.
Ich danke dir, daß ich so wunderbar gemacht bin.
Wunderbar sind deine Werke,
meine Seele versteht das wohl.
Du warst mir schon nahe,
du sahst mich schon fertig vor dir,
als ich, den Augen der Menschen verborgen,
gebildet wurde und meine Gestalt fand.

Du sahst alle meine Tage und Jahre,
in deinem Buch standen sie alle;
alle meine Tage hast du aufgeschrieben,
als noch keiner begonnen hatte.
Deine Gedanken sind so schwer und groß,
o Gott, wie gewaltig, ist ihre Zahl!
Wollte ich sie zählen, so wäre es,
als zählte ich die Sandkörner am Meer.

Und schliefe ich darüber ein,
so zählte ich weiter im Traum
und merkte erwachend,
daß ich weiterzählte und an kein Ziel kam.

Erforsche mich, Gott, und erkenne mein Herz,
auch, was mir selbst in mir verborgen ist,
damit ich nicht, ohne es zu wissen,
auf dem Wege ins Unheil bin.
Leite mich, daß ich mein Ziel finde,
jetzt und in Ewigkeit.

Psalm 139, 1–18.23–24, übertragen von Jörg Zink

Morgensegen

Gesegnet seist Du, Herr, unser Gott, Weltenherrscher,
Bildner des Lichts und Schöpfer der Finsternis,
Stifter des Friedens und Schöpfer des Alls,
der in Barmherzigkeit das Licht leuchten läßt
für die Erde und für ihre Bewohner,
und der in Seiner Güte jeden Tag beständig
das Werk der Schöpfung erneut.
Gesegnet seist Du, Herr, der die Lichter erschafft.

Aus dem jüdischen Morgengebet

Segne Gott, meine Seele!
Herr, mein Gott, wie bist du so groß!
Schönheit und Glanz sind dein Kleid.
Licht hüllt dich ein wie ein Schleier.
Du spannst den Himmel aus wie ein Zelt
und baust dir über den Wolken deine Gemächer.
Wolken sind deine Wagen,
auf Flügeln des Windes fährst du dahin.
Winde dienen dir als Boten,
Feuer und Lohe künden von dir.

Fest ist die Erde, auf der wir stehen, du hast sie gegründet.
Das Urmeer bedeckte sie wie ein Kleid,
über den Bergen standen die Wasser.
Vor dem Tönen deines Worts flohen sie,
vom Hall deines Donners verscheucht.
So stiegen die Berge auf, so fielen die Täler

in die Höhe und die Tiefe, die du ihnen bestimmt.
Eine Grenze hast du gesetzt,
die werden die Wasser nicht mehr überschreiten,
nie kehren sie wieder, die Erde zu bedecken.

Du läßt Quellen entspringen,
zwischen den Bergen laufen sie dahin.
Die tränken die Tiere auf dem Feld,
die Wildesel löschen ihren Durst.
An ihren Ufern wohnen die Vögel des Himmels
und singen unter den Zweigen.
Du tränkst die Berge mit deinen Wassern,
aus deinen Wolken wird die Erde satt.
Du läßt das Gras sprießen für das Vieh
und Saatgrün unter der Hand des Menschen.
Brot bringst du aus der Erde hervor
und Wein, der sein Herz froh macht.
Daß sein Gesicht schön werde vom Öl
und Brot sein Herz stärkt.
Es trinken sich satt seine Bäume,
die Zedern des Libanon, die er gepflanzt hat.
Dort nisten die Vögel,
der Storch, der in den Wipfeln wohnt.
Die hohen Berge gehören dem Steinbock,
Felsen bieten Schutz dem Dachs.

Du hast den Mond gemacht, der uns das Jahr teilt,
die Sonne, die ihren Weg kennt bis zum Niedergang.
Du bringst Finsternis, und es wird Nacht,
und es regen sich die Tiere des Waldes.
Die jungen Löwen brüllen nach Raub
und fordern ihre Speise von dir.

Wenn die Sonne aufstrahlt,
kehren sie um und ruhen in ihren Höhlen.
Da tritt dann der Mensch heraus an sein Werk
und tut seine Arbeit bis zum Abend.

Unendlich reich sind deine Werke, Gott!
In Weisheit hast du sie alle geschaffen,
und die Erde ist deiner Schöpfungen voll.
Da ist das Meer, so groß, weit und breit,
in ihm ein Gewimmel ohne Zahl, Tiere, groß und klein.
Dort ziehen Schiffe ihre Bahn.
Dort sind riesige Fische,
du hast sie gemacht, mit ihnen zu spielen.
Sie alle warten auf dich,
daß du ihnen Speise gibst, wenn es Zeit ist.
Du gibst ihnen, und sie sammeln,
du öffnest deine Hand, so sättigen sie sich
an dem, was ihnen mundet.
Verbirgst du dich, so erschrecken sie,
nimmst du ihnen den Atem, so vergehen sie
und werden wieder zu Staub.
Sendest du deinen Hauch, so werden sie geschaffen,
und das Bild der Erde entsteht neu.

Der Ruhm Gottes währe ewig,
er freue sich an seinen Werken.
Er schaut die Erde an, so erbebt sie.
Er rührt die Berge an, so speien sie Rauch.

Ich will ihm singen mein Leben lang.
Ich will ihm spielen, solange ich bin.
Möge ihm gefallen, was ich ihm dichte.

Ja, ich freue mich in Gott.
Mögen doch die Menschen Einsicht finden
und für die Gottlosen kein Raum mehr sein.
Segne Gott, meine Seele. Halleluja!

Psalm 104, übertragen von Jörg Zink

Sprache des Segens und der Liebe

Das Lob der Schöpfung im 104. Psalm beginnt und endet – übersetzt man den hebräischen Text wörtlich – mit einer ungewöhnlichen Wendung: „Segne Gott, meine Seele!“ Was haben Lob und Segen miteinander gemein? Und welch ein merkwürdiger Vorgang, daß *wir* Gott segnen sollen!

Was es heißt, im Segen zu leben, das begreifen wir. In jedem Leben gibt es Durststrecken und Zeiten besonderen Segens: Zeiten, in denen ich überströmende Güte erfahre. Das Loben, so können wir sagen, ist die Antwort auf diese Erfahrung des Segens. Und wo das Loben aufhört, wird auch der Segen nicht mehr wahrgenommen. Aber das alles gilt von Gottes Segen über uns. Wie sollen denn wir „segnen“? Zwei Beobachtungen helfen uns hier weiter.

Die erste ist, daß es die Seele ist, die segnet. Die Seele aber, das lehren uns die Psalmen ist der Kern meiner Empfindungen und Gefühle, meiner Sensibilität und Emotionalität. Wenn die Seele segnet, so kann das nicht anders geschehen, als daß sie sich öffnet und Wärme und Güte verströmt. Die Seele gibt sich hin, indem sie segnet; was sie weitergibt, ist eigentlich ihr Leben, ihr Atem, ihr Pulsschlag.

In unserem Alltag gibt es viele unscheinbare Gesten, in

denen die Seele sich öffnet und etwas von ihrem Leben weitergibt, mit einem freundlichen Blick, einer Geste des Verstehens, einem Wort des Vertrauens. Jeder Gruß ist eigentlich solch ein Segen der Seele, auch jede Zärtlichkeit, jedes freundliche Gedenken. Wieviel Segen umgibt uns täglich, den wir gar nicht mehr wahrnehmen! Wir haben das Wort „Segen" aus der täglichen Erfahrung abgedrängt und es der feierlichen religiösen Sprache vorbehalten, und auch dort soll es nur noch in einer Richtung gelten. Damit haben wir uns einer Fülle von Erfahrungen selbst beraubt, die unser Leben halten und tragen. Was wir als „segnen" beschrieben haben, ist eigentlich Liebe; es sind lauter Erfahrungen der Liebe, für die wir das Sensorium zu verlieren drohen. Aus unserer von der Dürre bedrohten Fürbitte wird etwas anderes, wenn wir sie als eine Form des Segnens wahrnehmen.

Die zweite Beobachtung ist, daß genau in diesem Sinn im Judentum das Wort „segnen" für die Beziehung zwischen Gott und Mensch in beiden Richtungen gebraucht wird. Im Tischgebet wird Gott gesegnet, der das Brot aus der Erde hervorgehen läßt; die steife Übersetzung: „Gepriesen seist du, Herr ..." gibt nicht wirklich wieder, was hier geschieht. Die täglichen Gebete leben von solchen Worten des Segens, und in ihnen wird auf charakteristisch jüdische Weise das Gebot wahrgenommen, Gott „zu lieben von ganzer Seele". Ist denn Gott auf solche Liebe angewiesen? Das ist eine typisch protestantische Frage; jedenfalls ist unsere Seele darauf angewiesen, daß sie sich so öffnen und verströmen kann zu Gott hin. Segen muß hin und her strömen, oder er trocknet aus.

Ingo Baldermann

Segen über Brot und Wein

Gott
Wir danken Dir
für den Weg, den wir gemeinsam gehen
für alle Erfahrungen, die uns zusammenhalten
für das Wort, das trägt, Mut macht und tröstet
für die offenen Augen und Ohren
für die Herzen, die sich öffnen
und die Hände, die sich geben

Wir danken dir
für den Tisch, um den wir versammelt sind
für Brot und Wein, die darauf liegen
für diese köstlichen Gaben der Schöpfung
für alles, was uns am Leben erhält

Wir verbinden uns
mit allen Menschen auf der weiten Welt
mit jedem Tier auf dieser Erde
mit dem Fisch im Wasser und dem Vogel in der Luft
mit jeder Blume, die blüht
und jedem Samen, der keimt
mit jedem Stein und jedem Berg
mit allem, was Du geschaffen hast

Gott
Vater, von dem alles Leben kommt
Mutter, die alles umfängt und trägt
Segne das Brot
Sieh es an mit den Augen der Liebe

– und es verbindet
Leg Deine gütige Hand darauf
– und es schmeckt
Hauch es an mit Deinem Atem
– und es macht lebendig
Durchdring es mit Deiner Kraft
– und es nährt den Leib, die Seele, den Geist
Erfüll es mit Deiner befreienden Gegenwart
– und wir sind Deine Söhne und Töchter
Schwestern und Brüder

Segne diesen Wein
Sieh ihn an mit den Augen der Liebe
– und er macht selig
Lege Deine gütige Hand darauf
– und er mundet
Hauch ihn an mit Deinem Atem
– und er rauscht in unseren Adern
Durchdring ihn mit Deiner Kraft
– und er beschwingt den Leib, die Seele, den Geist
Erfüll ihn mit Deiner befreienden Gegenwart
– und wir sind frei und froh
verbunden, vermählt
Dein Liebesbund auf Erden

Anton Rotzetter

Abendsegen

Gesegnet seist Du,
Herr, unser Gott, Weltenherrscher,
der durch Sein Wort die Abende dunkeln läßt,
mit Weisheit die Himmelspforten öffnet,
der die Zeiten verändert und die Stunden wandelt.
Er ordnet die Sterne nach Seinem Willen
in ihren Bahnen am Firmament.
Er hat Tag und Nacht erschaffen:
das Licht läßt Er vor der Finsternis weichen
und die Finsternis vor dem Licht.
Er entrückt den Tag und führt die Nacht herauf
und scheidet zwischen Tag und Nacht.
Herr der Heerscharen ist Sein Name.

Möge der lebendige und ewige Gott
stets über uns herrschen in Zeit und Ewigkeit.
Gelobt seist Du, Herr,
der die Abende dunkeln läßt.

Aus dem jüdischen Abendgebet

Leben von Tag zu Tag

Die Lebenskunst des Kohelet
von Huub Oosterhuis

An vielen Stellen der Bibel wird eine Lebensform angedeutet, die „Leben von Tag zu Tag" genannt werden könnte. Die heilige Schrift, die aus einer Zukunftsvision heraus geschrieben ist und auf einen langen Weg in eine unendliche Ferne hin weist, ist jedoch gleichzeitig Anleitung für hier und jetzt, Lebensbelehrung und Wegweisung von Tag zu Tag.

Ein Leben auf Dauer, vierzig Jahre lang Auszug, ein ganzes Menschenleben lang „gehen", aufbrechen, ausruhen, wieder aufbrechen – das ist: einen Weg von Tagen gehen. Die Schrift zählt ein Menschenleben nicht in Jahren, sondern in Tagen. In einem Weltall, das in Lichtjahren gemessen wird (ein Lichtjahr ist die Entfernung, die das Licht in einem Jahr zurücklegt, neuneinhalb Billionen Kilometer), in diesem immensen Raum leben wir auf dieser Erde von einem Tag zum anderen. Und diese Tage sind nichtig, flüchtig.

„Die Tage unseres Lebens währen siebzig Jahre und wenn wir stark sind achtzig Jahre, und das meiste davon ist Mühsal und Verdruß, wie rasch vorbei, ein Flügelschlag. – Lehre uns deshalb, unsere Tage hochzuschätzen, daß wir davon weise Menschen werden", sagt Psalm 90. Und es wurde Abend und Morgen, der erste Tag, der zweite Tag, der dritte, so erzählt es die Geschichte von der Geburt der Erde und der Menschheit, das Buch Genesis. „Und es geschah in jenen Tagen, in den vielen Tagen“, so weiß das Buch Exodus zu berichten.

„Herzlichen Glückwunsch und noch viele Jahre“, sagen wir. So etwas hält die Bibel für eine vermessene Sprache: Was weißt du schon von „Jahren“? Gott lebt Jahre. „Laß, Du, mich nicht hinscheiden, mein Gott, in der Hälfte meiner Tage. Deine Jahre sind Ewigkeiten und Ewigkeiten“ (Psalm 102). „Gesegnet bist Du in dieser Stunde unseres Lebens, an diesem Tag, den Du uns gibst“, beten wir.

Leben mit jedem Tag. Denn der heutige Tag ist alles, was du hast. Zähle deine Tage, zähle deine Segnungen, das ist besser als deine Wunden zu lecken. Freue dich daran, daß du noch da bist, du schon, aber der und der schon nicht mehr. Das ist die Lebensweisheit von armen Herumirrenden, von Wüstengängern, die nach einer wieder einmal überstandenen Nacht in dieser unwirtlichen Unendlichkeit die Sonne aufgehen sehen.

Auf solcher Wüstenerfahrung (Krankenhauserfahrung, durchwachte Nächte) basiert die Weisheit der heiligen Schrift: „Sorge dich nicht um den morgigen Tag, denn der morgige Tag sorgt für sich selbst. Ein jeder Tag hat genug an seinem eigenen Leid“ (Mt 6,34).

Der morgige Tag, das Zukünftige, macht uns Angst, weil es außerhalb unserer Macht liegt. Was kann dir nicht alles an Schrecklichem widerfahren. „Der Mensch leidet oft am meisten an der Angst vor dem Leiden. “ Denk’ also nicht zu weit in die Zukunft, zähme deine Phantasie, die deinen Blick trübt.

In der gleichen Weise mußt du versuchen, mit deiner

Vergangenheit umzugehen: Blicke nicht zu viel voller Groll oder Heimweh oder Schuldgefühl zurück. Vorbei ist vorbei. Bewahre das Gute von gestern, vergiß den Kummer, vergib denen, die dir Böses taten. Einmal gestern ist genug, du brauchst doch nicht zweimal hindurch oder siebenmal oder siebzigmal siebenmal. Könnten wir doch einfach nur hier-und-jetzt-leben. Aber das können wir nicht. Das Vergangene und die Zukunft liegen schwer auf dem Heute.

Wenn ich keine Vergangenheit hätte, wie beladen sie auch immer sein mag, hätte mein Hier-und-Jetzt keine Wurzeln und keinen festen Grund und keine Wachstumskraft. Vergangenheit bedeutet: Ereignisse, vor allem Menschen, die in dein Leben eingreifen, entweder mit einem sanften, zärtlichen Griff oder einem Würgegriff (meistens ist es etwas dazwischen, ein bißchen von beidem). Aber die Vergangenheit ist auch eine Stimme, die dich warnt und wachrüttelt.

Wir haben ein Gedächtnis, wenn es uns paßt. Oft paßt es uns nicht, dann haben wir ein Gedächtnis wie ein Sieb, vergessen und verdrängen alles Vergangene, aus dem wir lernen könnten. Dennoch wird manchmal die Stimme unseres Gedächtnisses zur Stimme unseres Gewissens, die uns warnt. Wir haben dann wohl eine Erinnerung, aber kaum einen vorausschauenden Weitblick. Eigentlich wissen wir nichts über die Zukunft, darum hoffen wir auf sie. Zukunft ist die dritte Dimension unserer Existenz. Ohne Zukunft ist der heutige Tag eine platte Ebene, eine Kreidezeichnung auf einer blinden Wand, die sich ohne weiteres mit dem Ärmel wegwischen läßt. Wer keine Spur von Zukunft vor sich sieht, der ertrinkt in seinem Hier-und-Jetzt.

Der Dichter Rabin Gangadin aus Surinam schreibt in seinem Gedichtband *Ein seltsames Zimmer:*

Sie wird stets ängstlicher und weiß nicht warum.
Vor Menschen, sie geht immer seltener auf die Straße.
Nur dann noch, wenn sie einkaufen muß.

Sie traut sich nicht mehr, in den Waschsalon zu gehen,
da muß sie fragen, wie die Maschinen funktionieren.
Das Geld ist beinah alle, sie spricht nicht mehr.

Die Zukunft ist ein großes Loch für sie.
Voll mit Wäsche und Einkäufen.

Sie wird nicht die einzige sein, die herumirrt im Heute und alles aus der Vergangenheit mitschleppt, schmutzige Wäsche, ziellos.

Von-einem-Tag-zum-anderen-leben, Zeit für dieses, Zeit für jenes, flüchtige Augenblicke, eben mal etwas mit jemandem, graue Wegstrecken von nichts mit niemandem: Wüste also. Das ewige Kommen und Gehen von dumpfen, belanglosen Tagen. Der heutige Tag, beladen mit Vergangenheit und Zukunft: mühsames, aussichtsloses, sterbenslangweiliges, undurchdringliches Heute – was verstehst du davon, Bibel? Ist das nicht allein für unsere Zeit typisch?

Das Buch Kohelet („Der Prediger Salomo“) versteht etwas davon. Es finden sich Zeilen wie diese darin:

Dunst, Schatten, Leere,
flüchtiger als flüchtig ist alles.
Was hat der Mensch von der Mühe,
mit der er sich abquält unter der Sonne?

Was jetzt besteht, bestand schon lang,
und was noch kommt, das war schon einmal,
und was geschehen ist, geschieht aufs neu –
wer denkt an die, die früher waren?

Und die noch kommen, sind schon vergessen.
Die Weisheit schlägt sich durch in Lumpen.
Wer Recht beachtet, ist nicht geachtet.
Wer sät, weiß nicht, was er einst erntet.

Das Licht ist süß. Licht von der Sonne.
Gut für unsere Augen, das Licht.
Es werden dunkle Tage kommen.
Es wird noch Wissen sein von Licht.

Das Buch Kohelet stammt aus dem dritten Jahrhundert vor unserer Zeitrechnung. Es sind dreihundert Jahre vergangen, seitdem Israel nach Babel verschleppt wurde und zweihundert Jahre seit der Rückkehr aus der Verbannung und dem „Wiederaufbau“. Israel ist eingeklemmt zwischen Großmächten und politisch vollständig von diesen abhängig; nicht ohne Wohlstand, aber stumpf geworden und ohne Perspektive. Die Vision von Auszug und neuer Erde liegt eingerollt in heilige Buchrollen und ist zu einer überlieferten Lehre geworden.

In diesen Tagen lebte Kohelet. Er hat sich den Witz, den literarischen Kunstgriff ausgedacht, sich selbst zu präsentieren als König von Jerusalem, als sehr reich, sehr weise, sehr alt. Er spielt den legendären Salomo aus dem Goldenen Zeitalter der Geschichte Israels. Jung an Tagen und jung an Leidenschaft soll dieser Salomo das Hohelied geschrieben haben. Als Erwachsener und in der vollen Kraft seiner Jahre soll er sein Volk überhäuft haben mit Sprüchen voll praktischer Weisheit und Humor. Und dann, als er, schließlich alt geworden, auf ein erfülltes Leben zurückblickt, schreibt er das Buch von der Vergänglichkeit.

Diese literarische Einbettung hat sein Werk gerettet: Da sie Salomo zugeschrieben werden konnten, wurden die freisinnigen Betrachtungen des Kohelet für gut befunden und in das Gesamtwerk der Schrift aufgenommen.

Kohelet ist ein Name für eine Funktion, eine Art Titel. Das Wort ist verwandt mit dem hebräischen q'ahal, was Ekklesia, Gemeinde gleichkommt. Kohelet bedeutet soviel wie „Stimme der Gemeinde".

Es gibt zu allen Zeiten und überall Priester und Schriftgelehrte, Diener der Tradition und der offiziellen Lehre. Und es gibt auch hier und da einen Kohelet, der es wagt, die Tradition und offizielle Lehre an den Alltagserfahrungen von Menschen und einer Gemeinde zu messen. Er bringt zum Ausdruck, was kaum bewußt ist und meistens nur wortlos gefühlt und wahrgenommen wird, was in der Luft liegt und dennoch häufig in den Herzen unterdrückt wird. Luther übersetzte seinen Namen oder Titel mit: Prediger.

Der historische Kohelet muß ein kluger und angesehener Mann gewesen sein, sehr gebildet und umgeben von einem breiten Anhängerkreis, doch zugleich völlig unabhängig und einsam. Ein Mann mit einem Urteilsvermögen über die Welt seiner Zeit.

Was sagt Kohelet? Flüchtig, unwirklich, halbwahr ist das meiste von dem, was wir tun. Wir sind geisttötenden Gesetzmäßigkeiten, Scheinwerten, vielen großen Worten, subtiler Ungerechtigkeit, Apathie und Armut ausgeliefert. Dies ist keine philosophische Prämisse, sondern eine mit eigenen Augen gesehene Lebenswirklichkeit, seine Erfahrung: „Dunst, Schatten, Leere, flüchtiger als flüchtig ist alles", „Weisheit schlägt sich durch in Lumpen, wer Recht beachtet, ist nicht geachtet."

Diese Erkenntnis wird mit Argumenten versehen, scharf und eigenwillig, nicht fanatisch, aber auch nicht halbherzig oder beschönigend. Konsequent wird alles-unter-der-Sonne gewogen, oft geringschätzig bis zynisch, manchmal lakonisch: der Mensch ist eben nur ein Mensch, das weiß man.

Diese Skepsis, dieser pessimistische Realismus des Predigers dämpft die visionäre Leidenschaft, die vielen biblischen Schriften eigen ist. Mir scheint, sie hat auch etwas von einer Stilfigur, einer literarischen Methode: Er probiert damit, die heilige Thora auf die Probe zu stellen. Er überprüft die ehrwürdigen Glaubenstraditionen an seinen eigenen Lebenserkenntnissen (was die Aufgabe eines Predigers ist), um dann, zum Schluß, einigermaßen ratlos zu einer Minimalformulierung zu kommen, die den gesamten Glauben Israels, so wie er durch Wüste und Verbannung hin gewachsen ist, zusammenfaßt: „Das Licht ist süß – Licht von der Sonne. Gut für unsere Augen, das Licht. Es werden dunkle Tage kommen. Es wird noch Wissen sein von Licht."

Am Ende von Kohelets Ausführungen wird ein Glaube an eine bleibende Wahrheit sichtbar, die alle Vergänglichkeit überlebt und uns festhält. Die Erfahrung, daß wir im Griff dieses unbeständigen Lebens sind, wächst zu einem Glauben, daß wir in der Hand von Dem sind, der lebt. Das Licht, das süß ist, ist ein Pseudonym für Den, der lebt. Da stimmt Kohelet ein mit Psalmen und Propheten in die Zeilen aus Psalm 139: „Ich war noch nicht geboren, Du hattest mich schon gesehen. All meine Lebenstage standen schon in Deinem Buch, noch bevor Du auch nur einen davon gemacht hattest."

In der jüdischen Synagoge wird Kohelet am Laubhüttenfest gelesen, wenn des Wüstenzuges gedacht wird und wenn jeder Jude in seiner Laubhütte sitzt mit Schleckereien und Süßigkeiten zur Erinnerung an die Wohltat (Süße) der Thora. Wohin sollte der Wüstenzug gehen? In ein gutes und weites Land, zu einem Ruheplatz mit Bäumen und Brunnen, süßem Wasser und süßem Licht. Tage der Erfüllung, das ist das Ziel, um dessentwillen der Zug begonnen wurde. Das Leben der Menschen – so weiß Kohelet – ist ein schrecklicher Zug, aber „Das Licht ist süß", trotz allem.

Unergründlich und gelegentlich absurd ist das Leben, und doch ist es mein Leben. Ich hatte gedacht, daß es anders sein würde, aber was wußte ich schon davon? Das ist es nun, mit allem, was ich getan und verkehrt getan habe, mit allem Beschämenden, nicht Erkannten und Unversöhnten, mit allem, was für mich getan und nicht getan wurde. Wäre ich lieber ein anderer, in einer anderen Zeit geboren, dreißig Jahre älter, vierzig Jahre jünger, hätte ich lieber ein anderes Geschlecht? Offenbar beantworten viele Menschen solche Fragen doch mit „Nein“.

Willst du trotzdem noch leben, heute und morgen, willst du noch einen Weg von Tagen gehen? Ja, durchaus, sagt Kohelet. Ich wage es kaum zu sagen, aus Verlegenheit und Scheu, daß meine Stimme zu laut werden könnte, aber ich bin froh, ja sogar dankbar, daß ich noch lebe. So viel sagt Kohelet, und er sagt es etwa mit dieser Intonation. Mehr als die anderen Autoren der Bibel steht er persönlich ein für das, was er schreibt. Und sicher urteilt er nicht über Menschen, die das nicht von sich sagen können.

Es geschehen keine Wunder“, so könnte man seine Predigt auch zusammenfassen. Es hat auch nie eine andere Welt gegeben, in der sich Wunder ereigneten, Stimmen aus dem Jenseits vernommen wurden oder Menschen besser, moralisch vollkommener waren. Es ging immer schlecht. „Was jetzt besteht, bestand schon lang, und was geschehen ist, geschieht aufs neu.“ Es ist nicht anders. Aber es ist ein Wunder, daß es Menschen gibt, die das Lebenslicht dennoch nicht hassen. Und mehr noch: daß sie die Wüste fruchtbar machen können, und zwar jeder seine Wüste fruchtbar für andere, und daran festhalten, daß dies möglich ist, weil es möglich sein muß.

Niemals hörten wir andere Stimmen als die unseren. Niemals gab es Hände, die tun, was Hände nicht können, niemals andere, gottlosere Menschen als wir. Aber es gab das Tageslicht, alle Tage, was auch geschah, als ob wir liefen über ein unsichtbares Netz, das über den Abgrund gespannt war und nicht riß. Niemals wird jemand herausgenommen aus seiner Zeit. Aber hin und wieder wird

Leiden ausgesetzt, oder Menschen tragen es gemeinsam. So sollten wir leben. Das wäre „Lebenskunst" im Sinne des Kohelet.

Im Menschen existiert ein starker Hang dazu, gut zu sein, kleine, alltägliche Dinge gut zu erledigen: gut zu kochen, einen Tisch schön zu decken, schön zu singen; eine beinahe instinktive, auf jeden Fall nicht bewußte Hingabe, ein ernsthaftes und zugleich müheloses Interesse an dem, was im Augenblick zu tun ist. Kindern ist das anzusehen, wenn sie Flöte oder Fußball spielen – sie brauchen kein Publikum, sie tun es nicht deswegen, sie tun es, ohne irgendeinen Grund zu haben. Manchmal haben auch erwachsene Menschen noch diese Fähigkeit. Man kann das in Krankenhäusern, in Kliniken für Geistesgestörte und Gott weiß wo sehen.

Diese Fähigkeit, kleine Dinge gut zu tun, auf einem Quadratmeter vollkommen zu sein, also: so gut wie möglich, das ist eine Liebe, die, jedenfalls auf diesem Quadratmeter, das Antlitz der Erde verändert. Ohne dieses Talent und diese Liebe ist der heutige Tag, sind die wenigen Quadratmeter, auf denen wir leben, nicht lebbar, gottverlassen und flüchtiger als flüchtig. Das wissen die meisten Menschen aus Erfahrung.

Spiritualität im Alltag

Otto Betz, Das Unscheinbare ist das Wunderbare. Spiritualität im Alltag, Verlag am Eschbach, 1994.

Jürgen Schwarz (Hrsg.), Komm in das Haus meiner Wünsche. Passagen, Wegweisungen und Glückwünsche, Verlag am Eschbach, 1993.

Gesegnet

Gesegnet der unsichtbare,
gesegnet der verborgene,
gesegnet der lebendige
Tag Liebe, der durstig macht.
Licht, das sehend macht.

Gesegnet Menschen, die gut sind.
die Hand, die nicht schlägt,
der Mund, der nicht verrät,
der Freund, der seinen Freund
nicht verleugnet.

Gesegnet die Barmherzigen,
die Offenen und Liebenswürdigen,
mit denen man gut auskommt.
Gesegnet, die einander bewahren,
trösten, weiterhelfen
und die sich miteinander vertragen.

Gesegnet sei die Frau für den Mann
und der Mann für die Frau
und Alt für Jung
und Stark für Schwach.

Gesegnet, der weiß,
was gut und böse ist,
und der treffsicher wählt,
der nicht zurückweicht – vor keiner Macht,
der nicht Angst hat – vor keinem Menschen.

Gesegnet, der unbefangen spricht
und unbefangen liebhat alles, was lebt.

Gesegnet ist der neue Mensch,
– vorüber der Tod –
der in uns spricht,
der in uns seufzt und stöhnt,
der in uns lebt,

Jesus Messias.

Der sich hingegeben hat,
sich nehmen ließ,
der gebrochen wurde,
ausgeteilt von Hand zu Hand,
als Brot gegessen.

Gesegnet du, der klein oder groß,
blind, ängstlich, tastend, nahezu
tut wie er. Gesegnet du,
der ungesehn und unbekannt
tut wie er.

Gesegnet wer,
durch Angst geläutert,
am Tod vorüber
Leben in Licht
wieder geboren wird.

Gesegnet der unsichtbare,
gesegnet der verborgene,
gesegnet der lebendige
Tag Liebe, der durstig macht.
Licht, das sehend macht.

Huub Oosterhuis

Alltägliche Dinge

Theologische Meditationen
von Karl Rahner

Wenn dein Alltag dir arm scheint, klage ihn nicht an; klage dich an, daß du nicht stark genug bist, seine Reichtümer zu rufen“ (Rainer Maria Rilke).

Theologische Meditationen wie diese hier werden manche Menschen bei der Hast und Hetze, der Emsigkeit und Geschäftigkeit des Alltags nur am Sonntag in Ruhe lesen und bedenken können. Sollten wir nicht wenigstens am Sonntag, der auch so etwas sein darf wie ein Atemholen des ganzen Menschen für den Alltag, die Gelegenheit nützen, um uns einige Überlegungen zu einer Theologie des Alltags zu machen; einige Alltäglichkeiten, wie Arbeit und Erholung, Essen und Schlafen und was derlei Dinge der Alltäglichkeit mehr sind, unter das Licht des christlichen Glaubens zu stellen und als Frage an die Theologie zu betrachten? Immer natürlich mit dem Vorbehalt, daß in ein paar kurzen Worten auch zu solch einfachen Dingen nur sehr wenig gesagt werden kann, zumal das Einfachste das in Wahrheit Schwerste für Theorie und Praxis zu sein pflegt.

Zur Einleitung sei nur ein Kleines über die Theologie des Alltags im allgemeinen gesagt.

Das erste ist dies: Solch eine Theologie darf nicht meinen, sie könne den Alltag zum Feiertag machen. Laß ruhig den Alltag Alltag sein, sagt solche Theologie zuerst. Man kann und soll auch durch die hohen Gedanken des Glaubens und die Weisheit der Ewigkeit den Alltag nicht in einen Feiertag verwandeln. Er muß unversüßt und unidealisiert bestanden werden. Dann nur ist er gerade das, was er für den Christen sein soll: der Raum des Glaubens, die Schule der Nüchternheit, die Einübung der Geduld, die heilsame Entlarvung der großen Worte und der unechten Ideale, die stille Gelegenheit, wahrhaft zu lieben und getreu zu sein, die Bewährung der Sachlichkeit, die der Same der letzten Weisheit ist.

Das zweite aber ist dies: Die schlichte und ehrlich angenommene Alltäglichkeit birgt selber das ewige Wunder und das schweigende Geheimnis, das wir Gott und seine heimliche Gnade nennen, gerade dann, wenn sie Alltäglichkeit bleibt. Denn all das ist ja der vom Menschen getane Alltag. Wo aber der Mensch ist, da ist er das Wesen, das in seinem freien, verantworteten Handeln die verborgenen Tiefen der Wirklichkeit entriegelt. Denn auch die alltäglichsten Kleinigkeiten sind wahrhaft als ein inneres Wesenstück eingefügt in ein wirklich menschliches Leben oder sollen es sein, d.h. aber in ein Leben, das durch Glaube, Hoffnung und Liebe, die sich in aller ernsthaftesten Freiheit auf Gott richten, das Gewicht des ewigen Gottes hat, den es ergreift. Ihn haben wir ja zu allerletzt nicht durch unsere Ideale, unsere hohen Worte, unsere Selbstbespiegelung, sondern durch die Tat, die uns unserer Selbstsucht entreißt, durch die Sorge, durch die wir uns über den anderen vergessen, durch die Geduld, die uns stille macht und weise. Wer als Mensch die kleine Zeit an das Herz der Ewigkeit nimmt, die er selbst in sich trägt, der merkt plötzlich, daß auch die kleinen Dinge unsagbare Tiefen haben, Boten der Ewigkeit sind, immer auch mehr sind als sie selbst, wie Wassertropfen sind, in denen sich der ganze Himmel spiegelt, wie Zeichen, die über sich hinaus verweisen, wie vorauslaufende Boten, die, wie bestürzt von der Botschaft, die sie bringen, die kommende Unendlichkeit vorausverkünden, wie Schatten der wahren Wirklichkeit, die schon auf uns fallen, weil das Eigentliche eben doch schon nahe ist.

Und darum gilt das dritte: Man soll sonntäglich gut sein zu den Kleinigkeiten und demütigen Unscheinbarkeiten des Alltags. Sie reizen nur, wenn wir sie gereizt empfangen, sie machen nur stumpf, wenn sie nicht verstanden werden, sie machen uns nur alltäglich und banal, wenn wir sie nicht richtig verstehen und falsch behandeln. Sie machen uns nüchtern, vielleicht müde und enttäuscht, bescheiden und still. Aber das ist es ja gerade, was wir werden sollen, was zu lernen schwer ist und doch gelernt werden muß, was uns erst bereit machen kann, dem eigentlichen Fest des ewigen Lebens entgegenzugehen, das Gottes Gnade und nicht unsere eigene Kraft uns zurüstet. Sie brauchen uns aber nicht verbittert und bösartig skeptisch zu machen. Denn das Kleine ist die Verheißung des Großen und die Zeit das Werden der Ewigkeit. Das aber gilt vom Alltag ebenso wie vom Sonntag.

Von der Arbeit

Arbeit ist der charakteristische Inhalt dessen, was wir unseren Werktag und Alltag nennen. Man kann zwar das Hohelied der herrlichen Arbeit singen, unter diesem Wort die Tat des hohen und mächtigen Schöpfertums des Menschen verstehen und so die Arbeit seligpreisen. Man kann sie auch mißbrauchen (wie oft geschieht dies!) zur Flucht vor sich selbst, vor dem Geheimnis und dem Rätsel des Daseins, der Angst, die erst die wahre Sicherheit suchen läßt. Aber die wahre Arbeit liegt dazwischen, sie ist weder das Hohe noch das Analgeticum des Daseins. Sie ist einfach – Arbeit: mühsam und doch erträglich, durchschnittlich und gewohnt, sich gleichmäßig wiederholend, in einem das Leben erhaltend und es langsam abnützend, unvermeidlich und (wo sie nicht zu bitterer Fron verdirbt) nüchtern freundlich. Sie kann uns nie ganz „liegen“; selbst wo sie als die Durchführung der höchsten schöpferischen Impulse des Menschen beginnt, wird sie auch unvermeidlich Trott, graue Mühseligkeit der Wiederholung des gleichen, Behauptung gegenüber dem Unvorhergesehenen und der Last dessen, was der Mensch nicht von innen tut, sondern von außen, vom Fremden her erleidet. Und immer ist die Arbeit auch ein Sicheinfügenmüssen in die Verfügung der anderen, in den Rhythmus, der vorgegeben ist, ein Beitrag zu einem gemeinsamen Ziel, das keiner von uns allein sich ausgesucht hat, also Gehorsam und Verzicht in das Allgemeine hinein.

Das erste somit, was eine Theologie der Arbeit zu sagen hat, ist gerade, daß Arbeit – Arbeit bleibt und bleiben wird: das mühsam Gleichförmige, das Entsagung seiner selbst Fordernde, das Alltägliche. Die Arbeit mag immer mehr sich anreichern mit Elementen schöpferischer Tat, sie bleibt im Menschen an eine biologische Grundlage gebunden, die das Ende im Tod sucht, sie bleibt immer in Wechselwirkung mit einer nie restlos verfügbaren Außenwelt, sie wird also – Arbeit bleiben. Und so wird sie bleiben, als was sie der Schrift erscheint: Erscheinung der

Schuldverfallenheit unseres Daseins, der erst durch Gott zu überwindenden Disharmonie in unserem Dasein zwischen Innen und Außen, Freiheit und Notwendigkeit, Leib und Geist, einzelnem und Gesellschaft. Aber die Erscheinung der Sünde, die ihre Folge, aber nicht selbst Sünde ist, ist in Christus auch Erscheinung der leibhaftigen Erlösung geworden. Und das gilt nicht nur vom Tode, der radikalsten Erscheinung der Schuld, sondern von allen Objektivationen der Gottesferne. Also auch von der Arbeit in Mühsal, Alltäglichkeit und sachlicher Selbstlosigkeit. Nicht von sich aus, aber durch die Gnade Christi kann die Arbeit, im „Herrn getan", Einübung jener Haltung und Gesinnung werden, der Gott die Feier des ewigen Lebens schenken kann: der Geduld, die die Alltagsgestalt des Glaubens ist, der Treue, der Sachlichkeit, des Verantwortungsbewußtseins, der Selbstlosigkeit, in der die Liebe lebt.

Vom Gehen

Zu den alltäglichsten Dingen unseres alltäglichen Alltags gehört das Gehen. Man denkt nur daran, wenn man nicht mehr gehen kann, sondern eingesperrt oder gelähmt ist. Dann empfindet man das Gehenkönnen plötzlich als Gnade und als Wunder. Wir sind nicht Pflanzen, die an eine ganz bestimmte vorgegebene Umwelt gebunden sind, wir suchen selbst unsere Umwelt auf, wir verändern sie, wir wählen und – gehen. Wir erleben uns im Wandeln als die sich selbst Wandelnden, als die Suchenden, die erst noch ankommen müssen. Wir erfahren, daß wir die Wanderer zu einem Ziel, aber nicht die ins bloß

Leere Schweifenden sein wollen. Wir empfinden uns nochmals im Gang in das schwere Unvermeidliche als die Freien, wenn wir nur selbst diesem Auferlegten noch entgegengehen dürfen. Wir sprechen von einem Lebenswandel, und die erste Bezeichnung der Christen war die der „Leute vom Wege“ (Apg 9, 2). Wenn gesagt werden soll, daß wir nicht nur Hörer, sondern auch Vollbringer des Wortes sein sollen, dann sagt uns die Schrift, daß wir nicht nur im Geiste leben, sondern auch in ihm wandeln sollen. Wir reden vom Gang der Ereignisse, vom guten Ausgang eines Unternehmens, vom Zugang zum Verständnis, von verlogenem Hintergehen eines Menschen, vom Geschehen als einem Vorgang, vom Wechsel als einem Übergang, vom Ende als dem Untergang, wir sehen das Werden als einen Aufstieg, unser Leben als eine Pilgerschaft, die Geschichte als einen Fortschritt; wir halten etwas Verständliches für „eingängig“, einen Entschluß für einen „Schritt“. Zu den Weisen der großen Feier gehört die Prozession und der Umzug im religiösen und profanen Leben. Schon diese ganz kleinen und wenigen Hinweise zeigen, wie sehr wir unser ganzes Leben immer wieder interpretieren am Leitfaden der ganz ursprünglichen, urtümlichen Erfahrung unseres alltäglichen Gehens. Wir gehen, und wir sagen durch dieses ganz physiologische Gehen allein schon, daß wir hier keine bleibende Stätte haben, daß wir auf dem Weg sind, daß wir erst noch wirklich ankommen müssen, noch das Ziel suchen und wirklich Pilger sind, Wanderer zwischen zwei Welten, Menschen im Übergang, bewegt und sich bewegend, die auferlegte Bewegung steuernd und in der geplanten Bewegung erfahrend, daß man nicht immer dort ankommt, wohin der Gang geplant war. In dem schlichtesten Gehen, das der Gang des Wissenden und Freien ist, ist so das ganze Dasein des Menschen eigentlich schon da und vor sich selbst gebracht, das Dasein, dem der Glaube des Christen sein Ziel enthüllt, und das Ankommen dort verheißt: das Dasein einer unendlichen Bewegung, die sich selbst und ihr Noch-nicht-angekommen-sein weiß, die sucht und die glaubt, daß sie findet, weil (wieder können wir nicht anders reden) Gott selbst kommt in der Herabkunft und Wiederkunft des Herrn, der unsere Zukunft ist.

Wir gehen, wir müssen suchen. Aber das Letzte und Eigentliche kommt uns entgegen, sucht uns, freilich nur, wenn wir gehen, wenn wir entgegengehen. Und wenn wir gefunden haben werden, weil wir gefunden wurden, werden wir erfahren, daß unser Entgegengehen selbst schon getragen war (Gnade nennt man dieses Getragensein) von der Kraft der Bewegung, die auf uns zukommt, von der Bewegung Gottes zu uns.

Vom Sitzen

Zum Alltag gehört auch das Sitzen. Und darum auch zur Theologie dieses Alltags. Wer hat sich nicht schon dankbar und froh nach ermüdender Arbeit oder Wanderung hingesetzt? Wer hat nicht, auch wenn er ein Mensch schweifender Sehnsucht ist, die Sehnsucht, einmal seßhaft zu werden. Wer weiß nicht, daß man sich „hinsetzen" muß, wenn aus einer Arbeit etwas herauskommen soll, das etwas wert ist? Sitzen sagt schon im biologischen und irdischen Bereich, daß nicht jeder Ort und jeder Zustand gleichwertig sind, daß der Mensch irgendwo hingehört und nicht überall gleich-gültig zu Hause sein kann, daß er endlich zur Ruhe kommen will, alle Bewegung nur der Ausdruck zur Heimat sein kann, in der man sich als dem endgültigen Ort des eigentlichen und vollen Lebens niederläßt. Natürlich kann dieses „Sitzen“ im leiblichen Bereich nur *eine* Seite des menschlichen Daseins und seiner Vollendung widerspiegeln. Es verneint zwar nicht, sagt aber auch nicht ausdrücklich, daß die Ruhe der Vollendung, das Angekommensein dort, wo man sich endgültig niederläßt, auch in einem das unendliche Leben, die Vollendung der Tat, der absolute Vollzug der lebendigsten Wirklichkeit überhaupt ist. Aber eben dies geschieht in Ruhe, in gesammelter Stille, im selig-innigen Besitz des Bleibenden, ohne Angst des Verlustes, ohne Unrast und leeren Betrieb, geschieht also mit einem Wort: in der Ruhe, im Sitzen, wie die Schrift bezeugt, wenn sie vom Gastmahl des ewigen Lebens sagt: Und der Herr wird sie Platz nehmen lassen (Lk 12, 37). Das alles klingt recht friedlich und harmlos. Aber es steckt doch eine ernste Frage an uns dahinter: ob wir den Mut, die Gesammeltheit und die Freiheit des Herzens haben zur Ruhe, zum Sitzen. Oder ob es uns gleich langweilig wird, wenn wir uns zur Ruhe setzen müssen, ob wir fahren und reisen, uns in den Betrieb als Dauerzustand stürzen, weil wir es mit uns, mit der Stille und dem Schweigen nicht aushalten, ob wir immer laufen, weil wir uns davonlaufen müssen; ob wir den Sonntag nur als in der Form veränderten Werktag empfinden können, als rein physiologisch erzwungene Pause im Betrieb des Alltags. Man muß es lernen, daß die Ruhe die höhere Form der Tat des Herzens und darin des ganzen Menschen sein kann und letztlich allein ist. Man muß sich selber die Einsicht erkämpfen, daß man durch schnelles Fahren nicht vom Wissen dispensiert ist, wohin eigentlich die Reise geht; daß einer, der langsam macht, oft schneller ankommt, weil er vorher Ziel und Weg wirklich bedacht hat. Die unendliche Bewegung innerhalb des Zieles (wenn man es, weil es nicht anders geht, so paradox sagen darf) ist mehr als die tote Ruhe. Aber zu dieser Bewegung bewegen wir uns erst noch hin. Und wir erreichen diese nur, wenn wir den leeren Betrieb in der Flucht vor sich selbst nicht für besser und erträglicher halten als die Ruhe.

Freilich: es mag viele solcher Einübungen des ruhigen und stillen Zusichselbstkommens geben: die Erfahrung des lauteren Kunstwerkes und der reinen Musik, der innigen und reinen Liebe von Mensch zu Mensch, der hohen Einsicht und Erkenntnis, die nicht auf den Nutzen ausgerichtet ist, und andere musische ganzmenschliche und kontemplative Erfahrungen. Letztlich aber gibt es doch nur eine Stille, die es bei sich aushalten kann: das Gebet (wie immer ein Mensch dem damit Gemeinten einen Namen geben mag). Nur in dem liebenden Einssein mit dem unendlichen Geheimnis, das wir Gott nennen, kann man so ankommen, daß man nicht weiter muß, kann man die Ruhe finden, die nicht bloß ein Moment an der schweifenden Bewegung ist, kann das Wort hören, für das alles Sitzen und Ruhen nur ein Gleichnis und eine Verheißung ist: wer siegt, den will ich mit mir sitzen lassen auf meinem Thron (Offb 3,21).

Vom Sehen

Zu den tragenden Grundfunktionen des Menschen im Alltag und für den Alltag gehört auch das Sehen.

Mag es physiologisch und erkenntnistheoretisch sein, wie es mag, wir empfinden nun einmal das Sehen als die objektivste und sachlichste Weise unserer Beziehung mit der Welt, in der wir leben. Das Sehen eröffnet uns den weitesten Umkreis der Welt, es macht das Ferne nahe und setzt das Nahe deutlich von uns ab, es ordnet, unterscheidet und verbindet die Gegenstände, es macht sie zu einer Welt, vielfältig und schön. Aber das Auge ist auch (und dies auch in der Schrift) das Fenster, an das die Person tritt und sich zeigt, das Tor, in das nicht nur die Welt des Menschen in ihn eintritt, sondern aus dem er selbst von seinem verborgenen Inneren heraustritt und erscheint. Am Auge sieht man nach der Schrift dem Menschen seine Angst, sein Heimweh, seinen Stolz, sein Erbarmen, seine Güte, seine Bosheit, seine Mißgunst, seinen Spott, seinen Neid und seine Falschheit an. Und doch sind die Augen für die Schrift auch wiederum das Wort für das Äußerliche des Menschen, auf das der Mensch blickt, während Gott aufs Herz, in die innere freie Unzugänglichkeit des Menschen, in sein Eigentlichstes schaut. So wird das sehende und ausblickende Auge zur geheimnisvollen Mitte zwischen Mensch und Welt, zwischen Innen und Außen, die einsammelt und hergibt, verrät und verbirgt. Es würde ein zu unergründliches Thema für dieses kurze Wort sein, wollte man hier sagen, wie das Sehen im religiösen Sprachgebrauch neben dem Hören und in schwierigem Gegensatz und Einheit mit ihm als Ausdruck der Begegnung mit Gott und Christus verwendet wird. Bleiben wir bei dem Sehen des Alltags. Denn auch dieses selbst sagt etwas vom Menschen, wie er ist und sein soll als ganzer: der offene, der umsichtige, der auch dem Fernen und Unverfügbaren Zugetane, derjenige, der den Mut haben soll und die Arglosigkeit, sich zu zeigen, sein Inneres erscheinen zu lassen, sich auszudrücken und es zu ertragen, daß man ihn kennt, so wie er ist. Wer so in die Welt schaut und sein Dasein so sieht, wer es mit anderen Worten wagt, die Welt zu sehen, wie sie ist, und ihr Bild nicht zu verdoppeln, indem er ihr einfaches Bild durch ein Wunschbild überlagert, wer sich so gibt, wie er ist und nicht durch Trennung zwischen der Wirklichkeit und dem Aussehen eine Verdoppelung vornimmt, der hat einen einfachen Blick, dessen geistiges Auge ist gesund. Dann kann von ihm der Spruch vom Auge in der Bergpredigt Jesu gesagt werden, in dem das alltägliche Sehen des Auges selbst Bild und Gleichnis ist für die richtige „Welt-Anschauung": Das Licht Deines Leibes ist das Auge. Wenn nun Dein Auge einfach ist, dann wird Deine ganze Gestalt licht sein (Mt 6, 22).

Vom Lachen

Zum Alltag gehört – hoffentlich ist es so – nicht nur der Ernst der alltäglichen Arbeit, sondern auch das Lachen. Das Lachen ist eine sehr ernste Sache. Denn es verrät den Menschen oft mehr als seine Worte. Wenn wir hier vom Lachen reden, meinen wir das gute Lachen. Zwar gibt es auch ein Lachen der Toren und der Sünder, wie uns der weise Sirach belehrt (21, 23; 27, 14), ein Lachcn, über das der Herr sein Wehe spricht (Lk 6, 25). Dieses Lachen ist hier nicht gemeint. Wir meinen das lösende Lachen, das aus einem kindlichen und heiteren Herzen kommt. Es kann nur in dem sein, der durch die Liebe zu allem und jedem die freie und gelöste Sympathie hat, die alles nehmen und sehen kann, wie es ist: das Große groß, das Kleine klein, das Ernste ernst und das Lächerliche lachend. Weil es dies alles gibt, und es so, wie es ist, von Gott gewollt ist, darum soll es auch genommen werden, wie es ist, soll nicht alles gleich genommen und das Komische und Lächerliche belacht werden. Das aber kann nur der, der nicht alles an sich mißt, der von sich frei ist, jene geheime Sympathie mit allem und jedem besitzt, in und vor der jedes zu seinem eigenen Wort kommen kann. Sie aber hat nur der Liebende. Und so ist das gute Lachen ein Zeichen der Liebe, eine Offenbarung oder Vorschule der Liebe zu allem in Gott. Aber dieses harmlose, unschuldige Lachen der Kinder Gottes ist noch mehr. Auch es ist ein Gleichnis. Das Wort Gottes selbst hat diese Analogie ausgesprochen, die wir meinen. Die Schrift macht das Lachen, diese kleine Kreatur, vor der man meinen müßte, sie müsse sich verstummend ins Nichts auflösen, wenn sie die Hallen der Unendlichkeit Gottes betritt, zum Bild und Gleichnis der Gesinnung Gottes selbst. Das Wort der Schrift könnte uns erschrecken, aber sie sagt, daß Gott im Himmel lacht, lacht das Lachen des Sorglosen, des Sicheren und Unbedrohten, das Lachen der göttlichen Überlegenheit über all die grausame Wirrnis einer blutig qualvollen und irrsinnig gemeinen Weltgeschichte, lacht gelassen, fast möchte man sagen unberührt, mitleidig und wissend über das tränenvolle Schauspiel dieser Erde. (Oh, er kann es, weil sein ewiges Wort auch selbst mit uns geweint und alle Gottverlassenheit dieser Welt ausgelitten hat.) Gott lacht, sagt die Schrift und bezeugt so, daß noch im letzten Lachen, das irgendwo silberhell und rein aus einem guten Herzen über irgendeine Dummheit dieser Welt aufspringt, ein Bild und Abglanz Gottes aufstrahlt, ein Abbild des siegreichen, des herrlichen Gottes der Geschichte und der Ewigkeit, dessen eigenes Lachen bezeugt, daß im Grunde eben doch alles gut ist.

Vom Essen

Durch unser dauerndes Reden und Schreiben über die chemisch-physiologische Seite unseres Essens und Trinkens sind wir in Gefahr, diesen alltäglichen und doch so geheimnisvollen Vorgang nur zu sehen als eine Art von „Tanken“ von physischer Kraft, damit die Maschine unseres Leibes wieder weiterlaufen kann. Wo aber der Mensch wirklich als Mensch ißt und nicht wie ein Tier frißt, ist das Essen eine Angelegenheit des ganzen Menschen und muß es auch so sehr sein, daß, wo dieses Ganzmenschliche des Essens nicht mehr gewahrt ist, sogar das Physiologische dieses Vorgangs zu Schaden kommt. Es gibt ja kaum etwas Geheimnisvolleres in unserem alltäglichen Erfahrungsbereich als die Nahrung: die Verwandlung des Toten in das Lebendige, die Anverwandlung des Fremden in das Eigene, die Einfügung eines Seienden unter Bewahrung seines Eigenen in eine höhere und umfassendere Wirklichkeit. Nur wer meint, das Leben sei nur ein mechanisch kompliziertes Gefüge der bloß chemisch-physikalischen Wirklichkeit, kann sich über diese Verwandlung nicht wundern. Und im Menschen ist die Anverwandlung *die* in das Menschliche, in die Wirklichkeit, die zu sich selbst gekommen ist, bei sich ist, über sich selbst verfügt und in der die Welt zu sich selbst kommt. Wenn man das Niedrigere im Grund nur vom Höheren her verstehen kann (und nicht umgekehrt, wie es die Versuchung alles platten Denkens ist), dann muß man eigentlich sagen, daß das Essen die niedrigste, so aber grundlegendste Form jenes Vorgangs ist, in dem ein Seiendes sich durch Erkenntnis die Umwelt oder Welt aneignet und durch Liebe sich der Ganzheit der Welt übereignet. Und darum ist es eigentlich selbstverständlich: wenn das Größere und Höhere des menschlichen Daseins in seiner greifbaren Leibhaftigkeit erscheinen soll, wird das Mahl das bevorzugte Symbol. Es wird Symbol, nein – realer Vollzug der liebenden und vertrauenden Einheit der Essenden untereinander, weil diese sich gegenseitig zulassen zum gemeinsamen Grund ihres Daseins, der leiblichen Nahrung, weil sie, indem sie teilen, sich einander gegenseitig mitteilen. So aber wird dann auch das Mahl zum Zeichen jener letzten Einheit der Menschen, die ihre Vollendung ausmacht, indem alle als die Speise der Ewigkeit, die mit Gott und untereinander eint, vom einen Brot essen und den einen Kelch trinken, der der Herr selber ist. Wo immer wir essen, sollte darum etwas Festtägliches auch noch über dem Mahl des Alltags liegen. Es ist das Fest im Alltag. Denn es kündet von der Einheit, in die hinein sich alles und alle bergen wollen, in der alle bewahrt und aus ihrer Einsamkeit befreit werden, es spricht im Alltag leise, aber doch vernehmbar, vom Gastmahl des ewigen Lebens.

Vom Schlaf

Wir verschlafen ein gutes Drittel unseres Lebens. Der Schlaf gehört also gar sehr zu unserem Leben, zu der Beschäftigung und Kunst, die alle können und üben. Gibt es auch eine Theologie des Schlafes? Gewiß. Die

Schrift sagt uns zunächst in wunderbarer Menschlichkeit eine Bestätigung unserer Erfahrung über den Schlaf: vom guten Schlaf dessen, der ordentlich gearbeitet hat, von der schädlichcn Schlaflosigkeit dessen, den Managertum nicht ruhig schlafen läßt, vom überlangen Schlaf des Faulen und von ähnlichem mehr. Aber für die Schrift ist der Schlaf auch Bild und Gleichnis tieferer Wirklichkeit im menschlichen Dasein: Bild des Todes, Bild toter und tödlicher Dumpfheit, Gleichnis der Versunkenheit in die Sünde. Der Schlaf kann aber auch für die Schrift die Zeit einer inneren Gelöstheit des Menschen sein, in der er ansprechbar ist für die Weisung Gottes (da es der Herr im Schlafe gibt), für sinnvolle Träume, die, weil sie die sonst vielleicht verdrängte Tiefe des Menschen vermelden, Gottes Weisung und Geheiß aussagen können. In der Tat: der alltägliche Schlaf ist etwas sehr Geheimnisvolles. Der Mensch, der Person und Freiheit ist, sich selbst besitzt und steuert, läßt sich im Schlaf los, gibt sich aus seiner Hand, vertraut sich den Mächten seines Daseins an, die er nicht geschaffen hat und die er nicht überschaut. Schlaf ist ein Akt des Vertrauens auf die innere Richtigkeit, Si-cherheit und Güte der Welt des Menschen, ein Akt der Arglosigkeit und des Einverständnisses mit dem Unverfügbaren. Wird der Schlaf so getan, also nicht bloß als ein dumpfes Überwältigtwerden durch die physiologischen Mechanismen, sondern in einem ganzmenschlichen Akt gelöst und vertrauend angenommen, dann ist ein solcher Akt des Einschlafens eigentlich verwandt mit der inneren Struktur des Gebetes, das ja auch ein sich loslassendes Anvertrauen der eigenen Wirklichkeit an die als Liebe angenommene Verfügung Gottes ist. Kein Wunder, daß der Christ das Empfinden hat, der Schlaf sei einzuleiten mit einem Abendgebet, das, der Situation des Beters entsprechend, ein williges, reinigendes und versöhnendes Abschiednehmen vom Tag und seiner Alltäglichkeit und ein Sichanvertrauen an das Geheimnis sein muß, das uns immer liebend umfängt. Wird so betend der Schlaf angenommen, dann ist die dunkle Tiefe des eigenen Wesens, in die man sich im Schlaf hinabgleiten läßt, segnend beschworen. Und die Engel Gottes und nicht die Engel der finsteren Tiefe bewachen den Schlaf. Er ist dann friedlich und gelöst, eine Kommunikation mit den Gründen, in denen alle freie Personhaftigkeit des Menschen, alle wissende Planung des Lebens gründen und verwurzelt bleiben müssen, soll der Mensch heil bleiben oder werden.

Segen empfangen und weitergeben

Martin Schmeisser (Hrsg.), Deine Güte umsorgt uns. Segen empfangen und weitergeben, Verlag am Eschbach, 6. Aufl. 1995.

Jörg Zink, Ich kann vertrauen. Gedanken zum Segen, Verlag am Eschbach, 1992.

Psalm

Ich bin vergnügt
erlöst
befreit
Gott nahm in seine Hände
Meine Zeit
Mein Fühlen Denken
Hören Sagen
Mein Triumphieren
Und Verzagen
Das Elend
Und die Zärtlichkeit

Was macht daß ich so fröhlich bin
In meinem kleinen Reich
Ich sing und tanze her und hin
Vom Kindbett bis zur Leich

Was macht daß ich so furchtlos bin
An vielen dunklen Tagen
Es kommt ein Geist in meinen Sinn
Will mich durchs Leben tragen

Was macht daß ich so unbeschwert
Und mich kein Trübsinn hält
Weil mich mein Gott das Lachen lehrt
Wohlüber alle Welt

Hanns Dieter Hüsch

Innehalten

Am Anfang, in der Mitte
und am Ende des Tages

Der Morgen

Jede Stunde des Tages hat ihren eigenen Ton. Aber drei sind, die sehen uns mit besonders klarem Antlitz an: Der Morgen, der Abend und zwischen beiden die Mittagsstunde. Und sie alle sind geweiht.

Das Angesicht des Morgens leuchtet vor allen Stunden stark und hell. Er ist ein Anfang. Das Geheimnis der Geburt erneuert sich an jedem Morgen. Wir kommen aus dem Schlaf, darin unser Leben sich verjüngte, und spüren klar und stark: „Ich lebe! Ich bin!" Und dies durchlebte Sein wird Gebet. Es wendet sich zu ihm, von dem es kommt: „Gott, Du hast mich erschaffen; ich danke Dir, daß ich lebe. Ich danke Dir für alles, was ich habe und bin." Und das neue Leben spürt seine Kraft und drängt zur Tat. So kehrt es sich zum kommenden Tage und seinen Aufgaben. Zu Gebet wird auch dies: „Herr, in Deinem Namen und in Deiner Kraft beginne ich den Tag. Er soll ein Werk sein für Dich!"

Das ist die heilige Stunde des Morgens. Das Leben erwacht. Tief seines Daseins inne, bringt es Gott den reinen Dank des Geschöpfes dar. Es erhebt sich zu neuem Schaffen und wendet sich dem Tagewerk zu, von Gott herkommend und in Gottes Kraft.

Siehst du, wieviel von der ersten Stunde des Tages abhängt? Sie ist sein Anfang. Man kann ihn auch ohne Anfang beginnen, gedankenlos, willenlos in ihn hineingleiten. Da ist dann überhaupt kein „Tag“, sondern ein Fetzen Zeit, ohne Sinn noch Angesicht. Ein Tag ist aber ein Weg; er will Richtung. Ein Tag ist ein Werk; das fordert klaren Willen. Ein Tag ist dein ganzes Leben. Dein Leben ist wie dein Tag. Das will aber ein Antlitz.

Wille und Richtung und klares, zu Gott schauendes Antlitz, das alles schafft der Morgen.

Romano Guardini

Jeden Tag aufstehen

Jedes Erwachen
ist ein Neubeginn:

neu wahrnehmen
was vorher war
neu sehen hören riechen schmecken

für neues Wirken
neue Möglichkeit –
zu neuem Fehlen auch
und zum Verzeihen

So schüttle ab den Schlaf
des Todes Bruder ...

Als Erwachter tritt
in deinen Tag getrost
und voller Zuversicht
daß der dich weckte
dich geleiten wird

und sage Dank
daß diese Zeit
dir noch gegeben ist ...

Wilma Klevinghaus

Fang den Tag von heute nicht mit den Scherben von gestern an! Der Tag gestern, alle Tage und alle Jahre von früher sind vorbei, begraben in der Zeit. An ihnen kannst du nichts mehr ändern.

Hat es Scherben gegeben? Schlepp sie nicht mit dir herum! Denn sie verletzen dich Tag für Tag, und zum Schluß kannst du nicht mehr leben. Es gibt Scherben, die wirst du los, wenn du sie Gott in die Hände legst.

Es gibt Scherben, die kannst du heilen, wenn du ehrlich vergibst. Und es gibt Scherben, die du mit aller Liebe nicht heilen kannst. Die mußt du liegen lassen.

Phil Bosmans

Jeden Tag aufstehen,
auf eigenen Beinen stehen.
Jeden Tag im Leben stehen,
das Alte neu bestehen.
Jeden Tag andere ausstehen
und zu sich selbst stehen.
Jeden Tag verstehen,
daß Gott hinter allem steht.
Jeden Tag aufstehen
zu neuem Leben.
Jeden Tag
neu.

Petrus Ceelen

Rat

Verabschiede die Nacht
mit dem Sonnenhymnus
auch bei Nebel

hol dir die ersten
Informationen aus den
Liedern Davids

dann höre die
Nachrichten und lies
die Zeitung

beachte die Reihenfolge
wenn du die Kraft
behalten willst
die Verhältnisse zu ändern

bete gegen das
fünfsternige Nichts
das dir aus jedem
Kanal entgegentönt

Wilhelm Bruners

Höchster, allmächtiger, guter Herr,
Dein ist das Lob,
der Ruhm und die Ehre
und jeglicher Dank!

Dir allein, Höchster,
gebühren sie,
und kein Mensch ist würdig,
Dich zu nennen.

Gelobt seist Du, mein Herr,
mit allen Deinen Geschöpfen,
vor allem mit der Schwester Sonne,
der edlen Herrin,
die uns den Tag und das Licht schenkt.
Schön ist sie und strahlend in großem Glanze,
Dein Gleichnis ist sie, Höchster!

Gelobt seist Du, mein Herr,
durch Bruder Mond und die Sterne.
Am Himmel formtest Du sie,
leuchtend und schön!

Gelobt seist Du, mein Herr,
durch Bruder Wind
und die Luft und die Wolken
und jegliches Wetter.
Durch sie gibst Du
Deinen Geschöpfen Gedeihen.

Gelobt seist Du, mein Herr,
durch Schwester Quelle.
Wie nützlich ist sie,
wie demütig, köstlich und rein!

Gelobt seist Du, mein Herr,
durch Bruder Feuer,

durch den Du die Nacht uns erleuchtest.
Wie schön ist es,
wie fröhlich und stark und gewaltig!

Gelobt seist Du, mein Herr,
durch unsere Schwester,
die Mutter Erde,
die uns erhält und ernährt,
vielerlei Früchte trägt
und bunte Blumen und Kräuter.

Gelobt seist Du, mein Herr,
durch alle, die aus Liebe zu Dir vergeben
und Schwachheit und Kummer geduldig ertragen.
Selig, die harren in Frieden.
Du, Höchster, wirst sie einst krönen.

Gelobt seist Du, mein Herr,
durch unsern Bruder, den leiblichen Tod.
Ihm kann kein Mensch entrinnen.
Wehe denen, die in Sünde sterben!
Selig, die er in Deinem heiligsten Willen findet,
denn der zweite Tod kann ihnen kein Leides tun.

Lobet und preist meinen Herrn!
Danket und dienet ihm
in großer Demut!

Franz von Assisi, Sonnengesang,
ins Deutsche übertragen von Max Bolliger

Wegsegen

Schwester oder Bruder, sei gesegnet von Gott.
Er gehe dir voraus,
und zeige dir den rechten Weg.

Gott sei nahe bei dir
und lege seinen Arm um dich.

Gott sei hinter dir,
dich gegen alle dunkle Macht zu bewahren.

Er sei unter dir,
dich aufzufangen, wenn du fällst.

Er sei neben dir,
dich zu trösten, wenn du traurig bist.

Gott sei in dir,
dich zu heilen.

Er sei um dich her,
dich zu schützen in der Angst.

Er sei über dir
wie die Sonne am Himmel
und stärke dich mit seiner Kraft.

Er segne und behüte deinen Ausgang und Eingang
von nun an bis in Ewigkeit. Amen.

Jörg Zink (nach einem Segen von Sedulius Caelius, 5. Jh.)

Die Tagesmitte

Am Morgen hebt das Leben an. Es steigt; erst rasch und freudig; dann ballen sich die Widerstände, der Aufstieg wird langsamer. Endlich erreicht es die Mittagshöhe und ruht kurze Zeit. Und bald beginnt es abzusinken. Immer müder fällt es, bis es, nach kurzem, neuem Aufschwung, in das Schweigen der Nacht eingeht.

Zwischen Anheben aber und Untergang, auf der Scheitelhöhe des Tages, atmet ein kurzer, wundersamer Augenblick: Die Tagesmitte. Da schaut das Leben nicht in die Zukunft, denn es drängt nicht voran. Das Absinken hat noch nicht begonnen, so sieht es noch nicht ins Vergangene zurück. Es steht, aber nicht müde; noch aller Kraft des Laufens voll ist dieses Stehen. Es steht in reiner Gegenwart. Und sein Blick geht ins Weite – nein, er geht überhaupt nicht in Raum noch Zeit: Er geht in die Ewigkeit.

Wie ist der Augenblick des Mittags so tief! In der Stadt spürst du ihn nicht, wo alles lärmt, wo kein Schweigen ist und kein Innehalten. Aber geh' hinaus, durch die Kornfelder, oder auf die stille Heide im Sommer, wenn die Sonne im Scheitel steht, und die Weite glüht – wie wird dir dann alles so tief! Du stehst, und alle Zeit versinkt. Die Ewigkeit schaut dich an. In alle Stunden spricht die Ewigkeit, aber dem Mittag ist sie Nachbar. Da wartet die Zeit und tut sich auf. Der Mittag ist reine Gegenwart, die Fülle des Tages.

Fülle des Tages ... Nähe der Ewigkeit ... Warten und offen sein ... Fern her tönt die Glocke zum Engel des Herrn ... Sie spricht in den schweigenden Mittag das lösende Wort: „Im Anfang war das Wort, und das Wort bei Gott, und Gott war das Wort ..."

„Der Engel des Herrn brachte Maria die Botschaft, und sie empfing vom Heiligen Geist. – Maria sprach: Siehe, ich bin eine Magd des Herrn; mir geschehe nach Deinem Wort. – Und das Wort ist Fleisch geworden und hat unter uns gewohnt."

Einmal kam die Mittagsstunde des Menschheitstages, die „Fülle der Zeit". Und ein Mensch war, in dem stand diese Fülle, und wartete: Maria. Sie eilte nicht; sie schaute nicht voraus noch zurück. Die Fülle der Zeit stand in ihr, lautere Gegenwart, offen der Ewigkeit, und wartete. Und die Ewigkeit neigte sich, die Botschaft kam, und das ewige Wort ward Fleisch in ihrem reinen Schoß.

Die Glocke spricht dies Geheimnis in unseren Tag. Immer wieder lebt in der Mittagsstunde des christlichen Tages das Geheimnis des Menschheitsmittags auf. Durch alle Zeiten klingt die Fülle der Zeit.

Unser ganzes Leben sollte der Ewigkeit Nachbar sein. Immer sollte in uns die Stille sein, die nach der Ewigkeit hin offen steht und horcht. Aber das Leben ist laut und überschreit sie. So sollen wir wenigstens in der geweihten Mittagsstunde, im „Engel des Herrn" innehalten, wegschieben, was sich herandrängt, stille stehen und auf das Geheimnis horchen, darin „des ewige Wort, als alles in tiefem Schweigen lag, vom königlichen Stuhle herabstieg"; einmal in äußerem geschichtlichem Geschehen, aber immer aufs neue in jeder Seele.

Und wie kann man sich in diesem Augenblick der Stille so tief eins wissen mit den Anderen draußen, die in der gleichen Stille stehen! Wie kann man so tiefe Gemeinschaft haben, hinausgrüßen, hinaussegnen ...

Romano Guardini

Zeit für das Beten

Zeiten im Tag aufsparen,
Zonen der Stille um
Gespräche und Handlungen legen.

Den inneren Lärm der Wünsche
und die laute Außenwelt abklingen lassen.
Hinunterhorchen bis in die untersten
Schichten des eigenen Seins.
Sich der Stille anvertrauen,
dem Mann, der Frau, den Kindern,
den Freunden,
den Feinden lange in die Augen schauen,
sich ins Schweigen einüben,
sich in die Bibel einführen lassen,
Bilder und Gleichnisse aufleben lassen,
die Zeichen der Natur andächtig betrachten,
die Zeremonien des Alltags pflegen,
persönliche und ehrliche Gespräche führen,
sich selbst, die Welt und Gott annehmen lernen,
sich selbst und seine Schatten sehen,
sich Gott und den Menschen mit
dem Herzen zuwenden.
In Kirchen eine geheime Welt erahnen.
Angesprochen werden,
sich dem Anspruch stellen,
sich treffen lassen
und betroffen leben.

Martin Gutl

Der Abend

Auch der Abend hat sein Geheimnis: das des Todes. Der Tag geht zu Ende; der Mensch rüstet sich, in das Schweigen des Schlafes einzugehen. Der Morgen war vom Kraftgefühl des erneuerten Lebens erfüllt; am Abend ist das Leben müde und sucht Ruhe. Und hindurch klingt das Geheimnis des Todes. Oft vernehmen wir es nicht; da ist unser Inneres noch von den Bildern des gegenwärtigen Lebens erfüllt, gespannt von Wünschen und Plänen für den kommenden Tag. Manchmal klingt es leise herein wie fernes Ahnen. Aber es kommen auch Abende, an denen wir fühlen, wie das Leben sich neigt, dem großen Dunkel zu, „da niemand mehr wirken kann".

Und alles hängt davon ab, ob wir das Geheimnis des Todes verstehen. Sterben heißt nicht nur, daß ein Leben zu Ende geht. Sterben ist das letzte Aufgebot dieses Lebens; seine äußerste, alles entscheidende Tat. Was im Leben geschieht, des Einzelnen oder eines Volkes, ist nie fertig oder erledigt. Immer kommt es noch darauf an, was Mensch und Volk daraus machen. Danach, wie sie sich dazu stellen, schaffen sie etwas Neues aus dem bereits Geschehenen, zum Guten oder zum Schlimmen. Denke, ein großes Leid wäre über ein Volk hereingebrochen. Wohl ist's geschehen, aber noch nicht abgeschlossen. Das Volk kann verzweifeln, es kann aber auch umdenken und neu beginnen. Dann erst vollendet sich, was doch lang geschehen war. So bedeutet der Tod im Tiefsten dieses: Er ist das letzte Wort, das ein Mensch zu seinem vergangenen Leben spricht; das end-gültige Antlitz, das er ihm gibt. Da geht es um die große Entscheidung, ob der Mensch sein ganzes

Leben noch einmal in die Hand nimmt: Die Reue erfaßt, was verfehlt war und glüht es um; für das Gute, das geschehen, geben Dank und Demut dem Herrn die Ehre, und alles wird hineingeworfen in die rückhaltlose Hingabe an Gott – oder aber der Mensch verzagt und läßt das Leben entgleiten in ein Ende ohne Würde und Kraft. Dann hat's überhaupt kein Ende; es hört bloß auf. Es hat keine Gestalt und kein Antlitz.

Das ist die hohe „Kunst des Sterbens“: Die Kunst, das vergangene Leben zu einem einzigen Ja für Gott zu machen.

Nun sieh; jeder Abend soll eine Übung sein in dieser hohen Kunst, dem Leben einen wirklichen Beschluß zu geben, der allem Vergangenen erst end-gültigen Wert und ewiges Antlitz schafft.

Abendstunde ist die Stunde des Vollendens. Wir stehen vor Gott, ahnend, daß wir einst von Angesicht zu Angesicht, zur letzten Verantwortung, vor ihm stehen werden. Wir fühlen, was in dem Worte liegt: „Es ist geschehen.“ Das Gute; das Böse; Verlieren und Vergeuden. Wir stellen uns zu Gott, zu Ihm, „dem alles lebt“, Vergangenes wie Zukünftiges, und der selbst Verlorenes dem Reuigen wiederschenken kann. Und vor ihm geben wir dem vergangenen Tage sein endgültiges Antlitz. Was darin nicht recht war, erfaßt die Reue und „denkt es um“; was gut gewesen, davon tut demütig aufrichtiger Dank alle Eitelkeit ab. Und alles Ungewisse, alles Unzulängliche, Arme und Trübe taucht rückhaltloses Vertrauen in Gottes allmächtige Liebe.

Romano Guardini

Am Ende

am ende loben können
der tag ist grau
die zeitung
voll dunkler nachrichten

am ende loben können
der abschied steht
in den augen
die hände sind feucht

am ende loben können
noch einmal der
blick zurück
keineswegs alles heil

am ende loben können
weil es dich
in allem gibt
GOTT

Wilhelm Bruners

Loslassen

Mit der Zeit umgehen lernen, Tage, Stunden und Augenblicke ausschöpfen und so sich mit den Grenzen der Zeit befreunden. Jedem Tag sein eigenes Recht geben; dem Spiel, dem Gespräch, den Plänen, dem Werk, der Fröhlichkeit, dem Nachdenken und dem Schlaf seine eigene Schönheit und Schwere lassen, und so auch den letzten Tag mit Vertrauen durchleben.

Nach Möglichkeit nichts tun, dessen Wiederholung man nicht wünschen könnte. Allabendlich jeden Streit beenden, ehe die Sonne untergeht, und nichts Ungeordnetes durch die Tage und Wochen schleppen. Denn man holt, was man in Jahren versäumt hat, nicht in Stunden auf. Anderen ihre Schuld vergeben und Vergebung für die eigene Schuld erbitten und dies so, daß es nichts Ungewöhnliches, sondern etwas Tägliches ist. Darauf vertrauen, daß man Vergebung empfangen hat, von Gott und den Menschen, und dafür danken.

Jede besonders hohe Meinung über das eigene Leben, das eigene Wesen, das eigene Werk abbauen, Stück um Stück. So lange abbauen, bis kein Mensch mehr denkbar ist, auf den man herabsehen könnte. Wenig von aller Leistung halten und lächeln über den Stolz, der nicht loslassen will. Alles Vergleichen mit anderen aufgeben. Was verglichen werden kann, ist weder den Eifer noch die Angst wert. Daß man nicht schlechter sei als die andern, ist der Rede nicht wert. Dinge, Geld und Einfluß immer gelassener weggeben. Am Ende wird an ihnen nur dies noch wichtig sein, ob wir sie weggeben konnten.

Von einem Rückblick zum andern mit weniger Wehmut, mit mehr Genauigkeit und mehr Dankbarkeit zurücksehen. Jeden Tag, jede Woche, jedes Jahr im Rückblick prüfen. Man muß geübt sein, das zu tun, wenn man in seiner letzten Stunde gezwungen ist, zurückzusehen und zusammenzuzählen. Man kann es nicht von selbst, sowenig wie eine Fremdsprache, die man zum erstenmal buchstabiert.

Jörg Zink

Am Abend

Laß den Abend
nicht dunkel werden
im Herzen
Zünde an das Licht
des Wortes
schmücke dich
mit den Perlen der Jahre
und der Weisheit der Träume

Laß sie kommen
die Erinnerungen
und gehen und leere nicht
den Becher der Bitternis

Laß den Abend
nicht dunkel werden
im Herzen
bereite ihm ein Zuhause
und laß ihn ausruhen
in der Wärme deiner Hände

Gertrud Hanke-Maiwald

Licht anzünden

Gepriesen seist du, Gott,
der du die Lichter in der Höhe geschaffen
und der du das Licht
in den Himmeln leuchten läßt über das All.
Du schufst, um Licht zu spenden,
die Sonne für den Tag
und den Mond und die Sterne für die Nacht
und das Licht der Kerzen.
Du bist das hochgefeierte Licht,
heiliges Urlicht,
vor dir flieht die Finsternis.
Dein lebendiges Licht, Christus,
sende in unsere Herzen
und laß uns einmütig rufen:
Gepriesen sei der heilige Name
deiner Herrlichkeit!
Wir preisen und verherrlichen dich:
Den Vater und den Sohn und den Heiligen Geist
jetzt und in Ewigkeit. Amen.

Armenischer Lichtsegen

Am Vorabend des Sabbats, bei Anbruch der Abenddämmerung, entzündet die Frau des jüdischen Hauses die Sabbatlichter (als Hinweis dafür, daß die Erschaffung der Welt mit dem Licht ihren Anfang nahm) und heißt mit dem Lichtsegen den Sabbat willkommen. Dem entsprach das Luzernar, das von Gebet und Gesang begleitete Anzünden der Lichter im frühchristlichen

Abendlob („Vesper“) – ein Ritus, der heute vielerorts neu auflebt. „Wo immer das Licht zu Beginn einer Ruhezeit angezündet wird, leuchtet Hoffnung auf für den Fortgang der Welt“ (Wolfgang Dietrich).

1. Person: Ich zünde ein Licht an
im Namen Gottes.
Er hat die Welt erschaffen
und den Atem des Lebens in mich gehaucht.
(Eine Kerze wird angezündet.)

2. Person: Ich zünde ein Licht an
im Namen des Sohnes.
Er hat die Welt errettet
und seine Hand nach mir ausgestreckt.
(Eine Kerze wird angezündet.)

3. Person: Ich zünde ein Licht an
im Namen des Geistes.
Gottes Geist umfaßt die Welt
und segnet mein Leben mit Verlangen.
(Eine Kerze wird angezündet.)

Alle: Wir zünden drei Lichter an
als Zeichen für die Trinität der Liebe:
Gott über uns
Gott neben uns
Gott unter uns:
Der Anfang, das Ende, die Ewigkeit.

Gebet zum Anzünder der Lichter aus einer keltischen Abendliturgie der Iona-Kommunität in Schottland

Um Segen bitten

Herr, wir danken dir in dieser Abendstunde, daß du uns verliehen hast unter deinem Schutz diesen Tag zu vollenden, daß du uns die Kraft gegeben hast zu unserer Arbeit und uns trägst mit deinem Erbarmen.

Wir bitten dich: Wandle in Segen, was uns ängstet und beschwert. Wie die Früchte des Feldes gedeihen unter Sonne, Wind und Wolken, laß auch uns reifen für deine Ernte.

Wir bitten dich um den hellen Schein deines Angesichts über die Menschen, die wir lieb haben, und über die Menschen, die uns zu tragen geben.

Dein sind wir im Licht und im Dunkel der Zeit. Du segnest unseren Ausgang und Eingang in Ewigkeit.

VerfasserIn unbekannt

Herr, mein Gott, ich danke Dir, daß Du diesen Tag zu Ende gebracht hast; ich danke Dir, daß Du Leib und Seele zur Ruhe kommen läßt. Deine Hand war über mir und hat mich behütet und bewahrt. Vergib allen Kleinglauben und alles Unrecht dieses Tages und hilf, daß ich allen vergebe, die mir Unrecht getan haben.

Laß mich in Frieden unter deinem Schutz schlafen und bewahre mich vor den Anfechtungen der Finsternis.

Ich befehle Dir die Meinen, ich befehle Dir dieses Haus, ich befehle Dir meinen Leib und meine Seele. Gott, Dein heiliger Name sei gelobt. Amen.

Dietrich Bonhoeffer, Abendgebet, Gefängnis Berlin-Tegel 1943

Nachtgebet

„Eine ruhige Nacht und ein Sterben in Frieden verleihe uns der allmächtige und barmherzige Gott." – Mit diesem Segenswort endet die „Komplet", das traditionelle Nachtgebet der Westkirche (lat. completorium = Vollendung, Abschluß), die für Aufbau und Textauswahl des folgenden Nachtgebets Vorbild war. Dieses besteht aus:

- *Eingangsgebet „Mein Abendgebet steige auf zu dir, Gott".*
- *Drei Psalmen: Ps 4, ein Klage-, Bitt- und Vertrauensgebet; Ps 91, ein Vertrauenslied mit Segensverheißung; Ps 134, eine Aufforderung zum nächtlichen Gotteslob, ebenfalls mit Segensverheißung.*
- *Lesung Jeremia 14,9 „Du bist in unserer Mitte, Herr" mit dem Gebet „In deine Hände" als Antwort.*
- *Lobgesang Simeons „Nun läßt du, Herr, deinen Knecht", umrahmt von der Antiphon „Sei unser Heil, o Herr, derweil wir wachen".*
- *Gebet „Behüte, Herr" und Kompletsegen „Eine ruhige Nacht".*

Ihre Grundgestalt hat die Komplet durch Benedikt von Nursia (um 480–547) erhalten. Sie besteht im wesentlichen aus biblischen Texten (vor allem aus dem Psalmenbuch), die zu einer eindrücklichen Komposition verwoben sind. Hauptmotive der gleicherweise für den persönlichen und den gemeinschaftlichen Gebrauch geeigneten Gebetsordnung (aus der man auch einzelne Elemente auswählen kann) sind die Bitte um Geborgenheit, Frieden und sorglosen Schlaf; die Zusage von Licht, Schutz und Segen; die „Übergabe" des Tages in die Hände Gottes und die Ausrufung des

Namens Gottes (in der Lesung Jeremia 14,9, die das Zentrum der Komposition bildet).

Da sich „am Ende des Tages das Ende unseres Lebens vorentwirft“ (Romano Guardini) und der Schlaf ein Abbild des Todes ist, erinnern die Texte der Komplet auch an die „Übergabe“ des letzten Lebenstages in die Hände Gottes und helfen, das „Sterben in Frieden“ einzuüben.

Eingang

Mein Abendgebet steige auf zu dir, Gott,
und es senke sich auf mich herab dein Erbarmen.
Dein ist der Tag und dein ist die Nacht.
Laß, wenn des Tages Licht verlischt,
das Licht deiner Wahrheit mir leuchten.
Geleite mich zur Ruhe der Nacht
und dereinst zur ewigen Vollendung
in deiner Barmherzigkeit.

Nach einem Kirchengebet

Psalmgebet

Wenn ich rufe, erhöre mich,
Gott, du mein Retter!
Du hast mir Raum geschaffen, als mir angst war.
Sei mir gnädig, und hör auf mein Flehen!

Ihr Mächtigen, wie lange noch schmäht ihr meine Ehre,
warum liebt ihr den Schein und sinnt auf Lügen?
Erkennt doch: Wunderbar handelt der Herr
an den Frommen;

der Herr erhört mich, wenn ich zu ihm rufe.
Ereifert ihr euch, so sündigt nicht!
Bedenkt es auf eurem Lager, und werdet stille!
Bringt rechte Opfer dar,
und vertraut auf den Herrn!

Viele sagen: „Wer läßt uns Gutes erleben?“
Herr, laß dein Angesicht über uns leuchten!
Du legst mir größere Freude ins Herz,
als andere haben bei Korn und Wein in Fülle.
In Frieden leg’ ich mich nieder und schlafe ein;
denn du allein, Herr, läßt mich sorglos ruhen.

Psalm 4 nach der Einheitsübersetzung

Wer im Schutz des Höchsten wohnt
und ruht im Schatten des Allmächtigen,
der sagt zum Herrn: „Du bist für mich Zuflucht und Burg,
mein Gott, dem ich vertraue.“

Er rettet dich aus der Schlinge des Jägers
und aus allem Verderben.
Er beschirmt dich mit seinen Flügeln,
unter seinen Schwingen findest du Zuflucht,
Schild und Schutz ist dir seine Treue.
Du brauchst dich vor dem Schrecken der Nacht
nicht zu fürchten
noch vor dem Pfeil, der am Tag dahinfliegt,
nicht vor der Pest, die im Finstern schleicht,
vor der Seuche, die wütet am Mittag.
Fallen auch tausend zu deiner Seite,
dir zur Rechten zehnmal tausend,
so wird es doch dich nicht treffen.

Ja, du wirst es sehen mit eigenen Augen,
wirst zuschauen, wie den Frevlern vergolten wird.
Denn der Herr ist deine Zuflucht,
du hast dir den Höchsten als Schutz erwählt.

Dir begegnet kein Unheil,
kein Unglück naht deinem Zelt.
Denn er befiehlt seinen Engeln,
dich zu behüten auf all deinen Wegen.
Sie tragen dich auf ihren Händen,
damit dein Fuß nicht an einen Stein stößt;
du schreitest über Löwen und Nattern,
trittst auf Löwen und Drachen.

„Weil er an mir hängt, will ich ihn retten;
ich will ihn schützen, denn er kennt meinen Namen.
Wenn er mich anruft, dann will ich ihn erhören.
Ich bin bei ihm in der Not,
befreie ihn und bringe ihn zu Ehren.
Ich sättige ihn mit langem Leben
und lasse ihn schauen mein Heil."

Psalm 91 nach der Einheitsübersetzung

Wohlan, nun preiset den Herrn,
all ihr Knechte des Herrn,
die ihr steht im Hause des Herrn,
zu nächtlicher Stunde.
Erhebt eure Hände zum Heiligtum,
und preiset den Herrn!
Es segne dich der Herr vom Zion her,
der Herr, der Himmel und Erde gemacht hat.

Psalm 134 nach der Einheitsübersetzung

(Hymnus: EG 469/GL 704 „Christe, du bist der helle Tag“ oder EG 665/GL 696 „Bevor des Tages Licht vergeht“)

Lesung

Du bist in unserer Mitte, Herr,
und dein Name ist über uns ausgerufen;
verlaß uns nicht, Herr, unser Gott!

Jeremia 14,9

Antwort

In deine Hände befehle ich meinen Geist.
Du hast mich erlöst, Herr, du treuer Gott.
Bewahre mich in dieser Nacht
nach deiner Gnade,
beschirme mich unter dem Schatten deiner Flügel.
Gepriesen seist du,
der war, der ist und der kommt,
Lob und Preis sei dir in Ewigkeit.

Jörg Zink nach Psalm 31,6 und Psalm 17,8

Ein Gebet von Anton Rotzetter regt an, Psalm 31,6 weiterzusprechen:

In Deine Hände lege ich
meine unruhigen Gedanken
meine wirren Gefühle
mein Leben

In Deinen Schoß lege ich
meinen müden Kopf
die Früchte meines Tuns
meine Sorgen

Unter Deinen Mantel lege ich
meinen schutzlosen Leib
meine verwundete Seele
meinen angefochtenen Geist

In Deine Hände lege ich
meine Freunde
meine Feinde
mein Leben

Anton Rotzetter

Antiphon und Lobgesang Simeons

Sei unser Heil, o Herr, derweil wir wachen,
behüte uns, da wir schlafen,
auf daß wir wachen mit Christus
und ruhen in Frieden.

Nun läßt du, Herr, deinen Knecht,
wie du gesagt hast, in Frieden scheiden.
Denn meine Augen haben das Heil gesehen,
das du vor allen Völkern bereitet hast,
ein Licht, das die Heiden erleuchtet,
und Herrlichkeit für dein Volk Israel.

Ehre sei dem Vater und dem Sohn
und dem Heiligen Geist,
wie im Anfang, so auch jetzt und alle Zeit
und in Ewigkeit. Amen.

Lukas 2,29–32 nach der Einheitsübersetzung

Die Antiphon „Sei unser Heil, o Herr“ wird wiederholt.

Gebet für Viele

Behüte, Herr, die ich dir anbefehle,
die mir verbunden sind und mir verwandt.
Erhalte sie gesund an Leib und Seele
und führe sie an deiner guten Hand,

sie alle, die mir ihr Vertrauen schenken
und die mir so viel Gutes schon getan.
In Liebe will ich dankbar an sie denken,
o Herr, nimm dich in Güte ihrer an.

Um manchen Menschen mache ich mir Sorgen,
und möcht ihm helfen, doch ich kann es nicht.
Ich wünschte nur, er wär bei dir geborgen
und fände aus dem Dunkel in dein Licht.

Du ließest mir so viele schon begegnen,
so lang ich lebe, seit ich denken kann.
Ich bitte dich, du wollest alle segnen,
sei mir und ihnen immer zugetan.

Lothar Zenetti

Oder das Abendgebet von Dietrich Bonhoeffer (S. 80 unten).

Segen

Eine ruhige Nacht
und ein Sterben in Frieden
verleihe uns der allmächtige
und barmherzige Gott.
Amen.

Aus Hoffnung schlafen

Den bewußten Tag ablegen
wie man ein Kleid abstreift.

Den Tag übergeben können
und ohne Anspruch auf den nächsten warten
wie ein Bettler auf das Brot.

Das Beben seines Geistes
in der Stille
verebben lassen,
von Seinem Antlitz
sich richten lassen,
in Seinen Augen Gnade finden.

Aus Hoffnung schlafen können.
An die Kraft der Keime
im Acker glauben,
die in unsichtbaren Tiefen
die Ernte vorbereiten.

Martin Gutl

Vielfältiger Segen

Jochen Kleppers Tagzeitenlieder als geistliche Zäsuren

von Ulrich Wilckens

Es gibt ein schmales Bändchen von Gebeten, das mich seit Jahrzehnten täglich begleitet: die „Geistlichen Lieder“ von Jochen Klepper. Sie sind vielleicht das Gewichtigste von dem, was dieser Dichter seiner Kirche aus der dunkelsten Zeit ihrer Geschichte in diesem Jahrhundert – und auch seiner eigenen Lebensgeschichte – hinterlassen hat. Und ganz gewiß gehören sie zu den ganz großen geistlichen Liedern, die in der – sonst nicht gerade sehr reichen – Frömmigkeitstradition der evangelischen Kirche ein wirklicher Schatz sind. Neben den Liedern Martin Luthers, Paul Gerhardts, Gerhard Tersteegens und mancher anderer sind sie ohne Zweifel als ebenbürtig zu nennen. Der Reichtum an Einsicht und Erfahrung eines lebenslangen Umgangs mit der Heiligen Schrift und mit dem Heiligen Abendmahl und die daraus gewonnene Einfalt eines wirklich frommen Herzens haben hier zu einer begnadeten Dichtheit und Einfachheit der Sprache zusammengefunden. Dies darf sehr wohl als eine besondere Gabe des Geistes Gottes wahrgenommen werden. Mitten in der allgemeinen Austrocknung geistlicher Erfahrung und geistlicher Wachheit und mitten im Sog der Verarmung und Verflachung unserer Sprache hat Gottes Geist aus einem sehr bedrängten und persönlich angefochtenen Menschen nichts weniger als einen Psalmisten unserer Tage gemacht.

Viele seiner Lieder sind in das Evangelische Gesangsbuch aufgenommen worden, einige auch in das Katholische Gebet- und Gesangbuch „Gotteslob“. Sie sind aus unseren Gottesdiensten längst nicht mehr wegzudenken. Das ist gut so. Mit Jochen Kleppers Liedern auf den Lippen kann ein Herz viel von den Wundern Gottes zu ahnen lernen, die mitten im scheinbar ganz weltlichen Alltag für geistlich aufmerksame Menschen verborgen sind. Wir gehen Zeiten entgegen, in denen sich für die, die dann noch am Glauben festhalten, nur das ganz Elementare bewähren wird. Kleppers Lieder können zu einer wichtigen Hilfe werden, sich darauf vorzubereiten und einzustimmen. Die folgenden Versuche zu vier Tageszeitenliedern sind Vorübungen in dieser Richtung.

Morgen, Mittag, Abend können zu geistlichen Zäsuren werden, zu Erinnerungsmalen, daß mein Leben Gott gehört. Sie können dazu helfen, daß der Tag mich nicht nach einem fremden Gesetz fortreißt, sondern mein Tag wird: Gottes Tag in mir. Zu Augenblicken können sie werden, in denen Gottes Ewigkeit in meine Zeit einkehrt und der Rhythmus meines Herzschlags in den Rhythmus des Herzens der Liebe Gottes hineingenommen wird.

Am Morgen

Nach Martin Luthers Rat soll die erste Bewegung des Erwachenden sein, daß er das Kreuz über sich schlägt. Das Kreuz ist das Zeichen der Vollendung der Liebe Christi, die sich selbst ganz für mich hingegeben hat. Das Kreuz über meiner Stirn und Brust ist die leibliche Erinnerung daran, daß der Gekreuzigte mich errettet, mir das Leben geschenkt hat. Nur weil ich Ihm als meinem Herrn gehöre, kann ich wahrhaftig ich selbst sein.

Er weckt mich alle Morgen;
er weckt mir selbst das Ohr.
Gott hält sich nicht verborgen,
führt mir den Tag empor,
daß ich mit seinem Worte
begrüß' das neue Licht.
Schon an der Dämmerung Pforte
ist er mir nah und spricht.

Durch Gottes Wort, das mich früh am Morgen weckt, kann ich von außen und von innen zugleich wach werden. Er weckt mein Ohr und mein Herz. Indem das Licht des Morgens die Nacht schwinden macht, läßt er mich den Ruf des ersten Schöpfungstages hören: „Gott sprach: Es werde Licht! Und es ward Licht" (1 Mos 1, 3). Wie der Anfang der Welt nicht als Zufall, nicht aus anonymer Leere heraus geschah, so stößt mich auch mein Erwachen am Morgen nicht in die Einsamkeit dessen, der, auf sich allein gestellt, nun wieder zusehen muß, wie er dem neuen Tag das Seinige abringen kann. Von Gott geweckt, von seinem Schöpferwort angerufen, bin ich Gott nahe für alle Stunden dieses Tages, weil der Schöpfer seinem Geschöpf nahe ist: „In ihm war das Leben; und das Leben war das Licht der Menschen" (Joh 1, 3).

Er spricht wie an dem Tage,
da er die Welt erschuf.

Da schweigen Angst und Klage;
nichts gilt mehr als sein Ruf!
Das Wort der ewigen Treue,
die Gott uns Menschen schwört,
erfahre ich aufs neue
so, wie ein Jünger hört.

Ein Jünger Jesu ist Gott gehorsam, weil er weiß und täglich neu erfahren kann, daß Freiheit nur aus diesem Gehorsam erwächst. „Wenn euch der Sohn freimacht, seid ihr wirklich frei!“ (Joh 8, 36).

Er will, daß ich mich füge.
Ich gehe nicht zurück.
Hab' nur in ihm Genüge,
in seinem Wort mein Glück.
Ich werde nicht zuschanden,
wenn ich nur ihn vernehm'.
Gott löst mich aus den Banden!
Gott macht mich ihm genehm!

An der Weise, wie im Evangelium Jesus mit seinen Jüngern umgeht, kann ich lernen, wie anders die Herrschaft Gottes über die Menschen ist als die der Menschen über ihresgleichen. Die Macht der Herrschaft Gottes ist seine Liebe; und ihr Sinn und Ziel ist, daß der Herr seinem Knecht dient: „Der Menschensohn ist nicht gekommen, daß er sich dienen lasse, sondern daß er diene und gebe sein Leben zu einer Erlösung für viele“ (Mk 10, 45).

Er ist mir täglich nahe
und spricht mich selbst gerecht.

Was ich von ihm empfahe,
gibt sonst kein Herr dem Knecht.
Wie wohl hat's hier der Sklave –
der Herr hält sich bereit,
daß er ihn aus dem Schlafe
zu seinem Dienst geleit'!

Gottes Wort ist Licht: Es vertreibt nicht nur das Dunkel der Nacht, sondern auch alles bedrohliche Dunkel in meinem Herzen. Gottes Heilszusage ist wie das Wort seiner Schöpfung: „Wenn er spricht, so geschieht's; wenn er gebietet, so steht's da" (Ps 33, 9). Und der Lohn, den Gott auszahlt, bemißt sich am Maß seiner Güte, – nicht am Maß von Leistung und Fehl (Mt 20, 1–16). „Nicht nach Maß gibt er den Geist" (Joh 3, 34). Wer das Licht dieses Glaubenswissens in sich hat, kann auch in einen dunklen Tag mit Zuversicht hineingehen.

Er will mich früh umhüllen
mit seinem Wort und Licht,
verheißen und erfüllen,
damit mir nichts gebricht;
will vollen Lohn mir zahlen,
fragt nicht, ob ich versag'.
Sein Wort will helle strahlen,
wie dunkel auch der Tag!

Am Mittag

Mitten am Tage den so oft rasenden Tageslauf für einen Augenblick der Stille zu unterbrechen – das kann, regelmäßig geübt, zu einer wirklichen Labsal werden. Wo die Höhe des Tages aufblicken läßt zur Höhe des Höchsten, da treten die wahren Proportionen hervor. Was sich in den Tagesgeschäften so oft als das Wichtigste und Vordringlichste aufdrängt: mein Tun, meine Leistung, mein Erfolg – das tritt jetzt zurück. Es gibt Höheres. Gott ist der Herr über alles Menschliche. Im Aufblick zu ihm kann ich des Wunders innewerden, das ich sonst so leicht zu übersehen, ja ganz zu vergessen gewohnt werden könnte: wie in jedem Augenblick Gottes Güte mich rings umgibt, – seine Güte, „die mehr ist als Leben" (Ps 63, 4).

Der Tag ist seiner Höhe nah.
Nun blick zum Höchsten auf,
der schützend auf dich niedersah
an jedes Tages Lauf.

Wie laut dich auch der Tag umgibt,
jetzt halte lauschend still,
weil er, der dich beschenkt und liebt,
die Gabe segnen will.

Das Mittagessen wird heute nur noch selten am Familientisch eingenommen, als gemeinsamer Treffpunkt, an dem auch Erfahrungen ausgetauscht und Gemeinschaft erfahren werden kann. Dennoch sollte auch eine bloße „Mittagspause" zu einem kurzen Gebet genutzt werden – und zur Erinnerung an das Abendmahl am vergangenen

Sonntag! Von den außerordentlichen Gaben dieses Mahles kann sich der innere Mensch für eine ganze Woche nähren und sich für die vielen Strapazen und Leiden des Alltags stärken lassen.

Der Mittag kommt. So tritt zum Mahl;
denk an den Tisch des Herrn.
Er weiß die Beter überall
und kommt zu Gaste gern.

Das ist eine Erfahrung, die uns evangelischen Christen kaum mehr vertraut ist: wie vom sonntäglichen Abendmahl ein so vielfältiger heimlicher Segen ausgeht, der in alles, was wir innerhalb der Woche tun und erleben, hineinzuwirken vermag. So hat es das Volk Israel erfahren, als es aus der Wüste endlich in das fruchtbare Land eintreten konnte. Alles, was sie da vorfanden, war und blieb für sie Geschenk ihres Gottes, gerade auch die Dinge des alltäglichen Lebens. Für alles wußten sie Gott zu danken und seinen Segen zu erbitten (5 Mos 6, 1–13; 28, 1–6).

Er segnet dich in Dorf und Stadt,
in Keller, Kammer, Feld.
Was dir der Herr gesegnet hat,
bleibt fortan wohlbestellt.

Er segnet dir auch Korb und Krug
und Truhe, Trog und Schrein.
Ihm kann es keinen Tag genug
an Segensfülle sein.

Er segnet deiner Bäume Frucht,

dein Kind, dein Land, dein Vieh.
Er segnet, was den Segen sucht.
Die Gnade schlummert nie.

Er segnet, wenn du kommst und gehst;
er segnet, was du planst.
Er weiß auch, daß du's nicht verstehst
und oft nicht einmal ahnst.

Und dennoch bleibt er ohn' Verdruß
zum Segnen stets bereit,
gibt auch des Regens milden Fluß,
wenn Regen an der Zeit.

Sein guter Schatz ist aufgetan:
des Himmels ewiges Reich.
Zu segnen hebt er täglich an
und bleibt sich immer gleich.

Wer sich nach seinem Namen nennt,
hat er zuvor erkannt.
Er segnet, welche Schuld auch trennt,
die Werke deiner Hand.

Ein kurzer Augenblick des Dankes und der Bitte um Segen kann so zu einer wichtigen Erfahrung für den ganzen Tag werden: Wer vor Gott innehält, kann mit seinem Segen an sein Werk gehen, ohne daß die Arbeit ihm zur Fron wird.

Die Hände, die zum Beten ruhn,
die macht er stark zur Tat.

Und was der Beter Hände tun,
geschieht nach seinem Rat.

Der Tag ist seiner Höhe nah.
Nun stärke Seel' und Leib,
daß, was an Segen er ersah,
dir hier und dort verbleib.

Am Abend

Mancher sucht am Abend nach dem Streß des Arbeitstages in seiner privaten Lebenssphäre Zerstreuung – als ob Überspanntheit durch ihr bloßes Gegenspiel zu lösen und Überaktivität durch passives Konsumieren von „Freizeitangeboten" zu kompensieren wäre! Manche dumpfe Müdigkeit gleitet in einen Schlaf über, in dem die Ruhelosigkeit des Tages sich fortsetzt.

Gerade am Abend ist es gut, sein Herz Gott zu öffnen, den Tag vor Ihm noch einmal zu überdenken und sich zu sammeln für die Ruhe, die nur Er uns zu schenken vermag.

Ich liege, Herr, in deiner Hut
und schlafe ganz mit Frieden.
Dem, der in deinen Armen ruht,
ist wahre Rast beschieden.

Manches, was ich am Tage getan, geredet, gewollt, überhört, überspielt, gefehlt habe, trägt zu den heimlichen Sorgen, zu den unheimlichen Ängsten in den Abgründen meines inneren Lebens immer noch Neues, Bedrückendes hinzu. Aber wenn ich es Gott übergeben darf, kehrt durch das Vertrauen zu Ihm Ruhe in mir ein.

Du bist's allein, Herr, der stets wacht,
zu helfen und zu stillen,
wenn mich die Schatten finsterer Nacht
mit jäher Angst erfüllen.

Dein starker Arm ist ausgereckt,
daß Unheil mich verschone
und ich, was auch den Schlaf noch schreckt,
beschirmt und sicher wohne.

Darin klingt der Schluß des Psalms an, der in der Kirche schon seit Jahrhunderten als Gebet zur Nacht entdeckt und zur „Komplet", das heißt zur „Vollendung" des Tages, gebetet worden ist: „Ich liege und schlafe ganz in Frieden; denn du, Herr, hilfst mir, daß ich sicher wohne" (Ps 4, 9). „Er wird dich mit seinen Fittichen decken, und Zuflucht wirst du haben unter seinen Flügeln. Seine Wahrheit ist Schirm und Schild, daß du nicht erschrecken mußt vor dem Grauen der Nacht, vor den Pfeilen, die des Tages fliehen, vor der Pest, die im Finstern schleicht, vor der Seuche, die am Mittag Verderben bringt" (Ps 91, 4–6).

So will ich, wenn der Abend sinkt,
des Leides nicht gedenken,
das mancher Erdentag noch bringt,
und mich darein versenken,

wie du, wenn alles nichtig war,
worauf die Menschen hoffen,

zur Seite warst und wunderbar
mir Plan und Rat getroffen.

Weil du der mächtige Helfer bist,
will ich mich ganz bescheiden
und, was bei dir verborgen ist,
dir zu entreißen meiden.

Ich achte nicht der künftigen Angst.
Ich harre deiner Treue,
der du nicht mehr von mir verlangst,
als daß ich stets aufs neue

zu kummerlosem, tiefem Schlaf
in deine Huld mich bette,
vor allem, was mich bitter traf,
in deine Liebe rette.

Ich weiß, daß auch der Tag, der kommt,
mir deine Nähe kündet
und daß sich alles, was mir frommt,
in deinen Ratschluß findet.

Sind nun die dunklen Stunden da,
soll hell vor mir erstehen,
was du, als ich den Weg nicht sah,
zu meinem Heil ersehen.

Du hast die Lider mir berührt.
Ich schlafe ohne Sorgen.
Der mich in diese Nacht geführt,
der leitet mich auch morgen.

So kann ein Nachtgebet unversehens zu einem Gebet angesichts der Nacht des Todes werden. Es ist eine vielfach bewährte Erfahrung: Wer sich sein Leben hindurch darin geübt hat, sich mit einem Gebet zur Nacht Gott ganz anzuvertrauen, dem kommen auch in Todesnähe unversehens die gleichen Worte über die Lippen oder sie beten im Herzen:

In jeder Nacht, die mich bedroht,
ist immer noch dein Stern erschienen.
Und fordert es, Herr, dein Gebot,
so naht dein Engel, mir zu dienen.
ln welchen Nöten ich mich fand,
du hast dein starkes Wort gesandt.

Im Psalm 91 heißt es: „Er hat seinen Engeln befohlen, daß sie dich behüten auf allen deinen Wegen, daß sie dich auf ihren Händen tragen ... Er ruft mich an, darum will ich ihn erhören, ich bin bei ihm in der Not. Ich will ihn herausreißen und zu Ehren bringen“ (Ps 91, 11–12.15).

So wie an jedem Abend der Tag gleichsam noch einmal abgeschritten und alles Erlebte Gott anvertraut werden darf, so darf ich auch in meinem Krankenbett Rückschau halten auf mein Leben und brauche dabei auch die mancherlei dunklen Stunden und Zeiten nicht auszusparen:

Hat banger Zweifel mich gequält,
hast du die Wahrheit nie entzogen.
Dein großes Herz hat nicht gezählt,
wie oft ich mich und dich betrogen.
Du wußtest ja, was mir gebricht.
Dein Wort bestand: Es werde Licht!

All die vielen kleinen Schleichwege, die wir uns suchen, um die Wahrheit zu umgehen, die mancherlei Praktiken, nicht nur andere zu täuschen, sondern auch mir selbst einzureden, es sei wahr; die vielen Lügen, die sich in meiner Erinnerung verfestigt haben, – vor Gott sind sie alle offenbar. Aber o Wunder: Er rechnet sie mir nicht vor, so daß sie zum Strick würden, der mein Leben erstickt! Im Licht der Wahrheit Gottes erscheinen wir so, wie Gottes Liebe uns sieht: als arme Menschen, die nicht an ihrer Angst um sich selbst, der Mutter aller Lügengewebe, zugrunde gehen sollen. Wir sollen einen neuen Anfang bekommen, immer und immer wieder. „Neue Schöpfung" nennt der Apostel die, die aus dem Wunder der Taufe leben dürfen (2 Kor 5, 17).

Hat schwere Sorge mich bedrängt,
ward deine Treue mir verheißen.
Den Strauchelnden hast du gelenkt
und wirst ihn stets vom Abgrund reißen.
Wann immer ich den Weg nicht sah:
dein Wort wies ihn. Das Ziel war nah.

Auch die schweren, drückenden Sorgen im Blick auf all das, was nun nicht mehr zu ändern ist in meinem Leben, was zur „unbewältigten Vergangenheit" geworden ist; und der Schwindel, der mich deswegen ankommt und mich in den Abgrund der Verzweiflung zu stürzen droht, – darf ich Gott anvertrauen. Er läßt mich nicht umkommen. Ausweglos muß kein Leben eines Menschen sein. Jesus sagt im Johannesevangelium (14, 6): „Ich bin der Weg, die Wahrheit und das Leben." Das darf ich glauben.

Hat meine Sünde mich verklagt,
hast du den Freispruch schon verkündet.
Wo hat ein Richter je gesagt,
er sei dem Schuldigen verbündet?
Was ich auch über mich gebracht,
dein Wort hat stets mein Heil bedacht.

Und schließlich: Auch meine Schuld kann mich nicht trennen von Gottes Sohn, der für mich gestorben ist. Das eigentlich Schlimme an der Schuld: daß ich mich von Gott losgesagt habe, der doch meines Lebens Leben ist, – es wird von Gott selbst getilgt! Gott handelt gegen alle Logik der Schuld: Wo Er uns, wie ein Richter den Angeklagten, schuldig sprechen müßte, da spricht Er uns von der Schuld frei. Das ist für Klepper das größte aller Wunder. Immer wieder gibt er in seinen Liedern dem tiefen Erstaunen darüber Raum: daß Gott Sündern vergibt. Das begreift nur, wer im Glauben zu erkennen gelernt hat, daß es nichts gibt, was das Leben eines Menschen so tief zu zerstören vermag, wie seine Sünde. Aber daß Gottes Vergebung ein so von uns selbst zerstörtes Leben von Grund auf heilen und erneuern kann, und wie selig das Herz eines Menschen werden kann, dem Gottes Vergebung persönlich zugesprochen worden ist – das weiß auch nur ein glaubender Christ, der es konkret erfahren hat.

Und so getröstet, so vom Abgrund gerettet, so frei geworden von der Last der Schuld, darf ich nun auch in das Dunkel der Todesnacht gehen. Als ich selbst wochenlang an dieser Grenze war, ist mir der Schlußvers dieses wunderbaren Liedes Abend für Abend zu einem Gebet geworden, mit dem ich bereit war, auch in das Ende meines Lebens hineinzugehen.

In jeder Nacht, die mich umfängt,
darf ich in deine Arme fallen,
und du, der nichts als Liebe denkt,
wachst über mir, wachst über allen.
Du birgst mich in der Finsternis.
Dein Wort bleibt noch im Tod gewiß.

Anmerkungen zu Seite 89–103

Jochen Klepper, geboren am 22. März 1903 in Beuthen an der Oder (Schlesien); Studium der Theologie in Erlangen und Breslau; 1931 Hochzeit mit Johanna Stein und Übersiedlung nach Berlin; Mitarbeit beim Rundfunk und bei Verlagen; vom nationalsozialistischen Regime in seiner Arbeit behindert und 1937 wegen seiner Ehe mit einer Jüdin aus der Reichsschrifttumskammer ausgeschlossen; 1938 Veröffentlichung seiner Sammlung „Geistliche Lieder" unter dem Titel *Kyrie* im Eckart-Verlag, Berlin; Dezember 1940 bis Oktober 1941 Soldat; am 1. Dezember 1942 Freitod von Renate Stein, der jüdischen Stieftochter, und von Johanna und Jochen Klepper.
Seine geistlichen Lieder, die großenteils bald nach Erscheinen der Sammlung *Kyrie* vertont wurden, verstand Klepper als Dichtungen „mit dem Text der Bibel". „Die freie Schöpferkraft beugt sich vor der Unüberbietbarkeit biblischen Gehaltes und biblischen Ausdrucks. Die höchste, letzte, tiefste Aussage wird der Bibel selbst entnommen und bleibt ihr vorbehalten." Bei den Tagzeitenliedern bilden folgende Texte den biblischen Hintergrund:
- Jesaja 50,4 und 5 für das Morgenlied „Er weckt mich alle Morgen" (= Lied Nr. 452 im EG, dem neuen Evangelischen Gesangbuch);
- 5. Mose/Deuteronomium 28,1–14 für das Mittagslied „Der Tag ist seiner Höhe nah" (EG 457);
- Psalm 4,9 für das Abendlied „Ich liege, Herr, in deiner Hut" (EG 486);
- Jeremia 15, 16 für das Trostlied am Abend „In jeder Nacht, die mich bedroht" (nicht im EG enthalten).

Oase in der Zeit

Von der „Wonne des Sabbats“
Wolfgang Dietrich

Vom Tag der Tage ist die Rede. Der Tag ist gemeint, der eine Segensfülle in sich versammelt. Deshalb auch kann er zur Wonne werden. Von ihm strömt Freude über. Die Freude strömt den Menschen zugute, aber auch den Tieren, den Pflanzen, gar den Steinen. Auf die ganze Erde will sie überströmen. Denn der Sabbat ist das Fest des Lebenszusammenhanges, des Zusammenspiels aller tragenden Kräfte des Lebens.

Sabbat ist ein hebräisches Wort. Die Hebräer, die Israeliten, die Israelis, die Juden sprechen vom Schabbat. Wenn sie einander grüßen an diesem Tag der Tage, sagen sie: „Schalom Schabbat!“ Schalom ist der Friede, der das ganze Leben umfängt. Schalom und Schabbat sind leuchtende Grundwörter der Judenheit. Es wurde gesagt, der Sabbat, der das Mark eines weltumspannenden Friedens in sich enthält, sei das kostbarste Geschenk, das die Judenheit der Menschheit gemacht habe.

Der Augenblick des Staunens

Kostbarer Tag. In der Judenheit hat er das Licht der Welt erblickt – der ganzen Welt zugute. Gewiß strömten auch Gedanken anderer und früherer Kulturen ein. Aber in Israel haben sie sich machtvoll vereint, um wieder auszustrahlen. Staunend nehme ich diese Ausstrahlung wahr. Denn sie lehrt mich das Staunen. Gäbe es nicht eine Spur des Sabbats in mir, würde ich das Staunen verpassen. Ich habe einmal gelesen, bei Platon, diesem Anfänger menschlichen Denkens, fände sich der Satz: Das Staunen ist der Anfang des Denkens. Gleicherweise und umfassender noch läßt sich – von israelitischen Ursprüngen her – sagen: Das Staunen ist der Anfang des Glaubens. Und der Sabbat ist ein Grund seiner Möglichkeit, ein Boden, aus dem er erwächst.

Den Augenblick des Staunens also erlebe ich als Stück des Sabbats, und sei es auch als allerkleinstes. Es mag ein winziger Augenblick sein. Aber er erfüllt mir den ganzen Tag. So sah ich heute aus dem Apfelbaum auf der Wiese vor meinem Fenster unversehens etwas Rötliches herausschwingen. Das war die Brust des überaus geschwinden Rotkehlchens. Der unscheinbare Vogel ist geschmückt, wie nicht einmal König Salomo gekleidet war. Gestern fiel mir ein freimütiger Hahnenfuß auf, der mitsamt seiner Goldsonnenblüte das graue Trottoir gesprengt hatte. Beim Rückweg fand ich ihn herausgerissen. Seinen Freimut trage ich mit mir. Und vorgestern – an der Bushaltestelle – beklebte ein kleines Mädchen mit hellem Eifer und sprühender Phantasie einen Laternenpfahl mit Blättern und Gräsern. Womit es klebte, weiß ich nicht mehr. Dann kam der Bus. Ich hatte vergessen, daß der Mensch mitten im Alltag schöpferisch existieren kann.

Was hier geschieht, faßte sich mir in Jerusalem in ein fast bestürzendes Bild. Ich ging durch die Buchmesse und stieß auf einen stockfleckigen Band aus der Jahrhundertwende, ein durch die verheerenden Zeiten hindurchgerettetes Unikat offenbar. Aus einer zufällig aufgeschlagenen Seite zeichnete sich mir der Umriß eines alten Ostjuden in die Erinnerung, wie er auf der Gasse zwischen ärmlichen Häusern stand. Aber was hielt er in der Hand? Und worauf richtete er den Blick? In der Hand hielt er eine Glasscherbe, die er hingegeben betrachtete. Denn in sie war das Licht eingekehrt. Sie funkelte und schimmerte und strahlte, als hielte sie in sich den ganzen Himmel mit all seinem Glanz. Die Scherbe ist sein Diamant. Das ist die Frömmigkeit eines vom Sabbat durchdrungenen Menschen in seinem womöglich verächtlich angesehenen Alltag. Er lehrt, bei einem aufgefundenen Eindruck verweilen zu können. Das ist die Sabbatkunst.

Die Minute des Innehaltens

Der Sabbat ist kein Nebengedanke. Er umschreibt ein ganz zentrales Verhalten. Und er findet sich in der Mitte der großen Weisungen Gottes. Wenn er zum Beispiel bedeutet: immer wieder mitten hinein in den ununterbrochenen Ablauf der Zeit eine Minute des Innehaltens einzuschalten, dann sei seiner biblischen Aufzeichnung selber eine Minute des Innehaltens gegönnt, um die Sätze so zu lesen, als trügen sie sich neu herein:

„Gedenke des Sabbathtages ihn zu heiligen. Sechs Tage sollst du arbeiten und all dein Werk tun. Aber am siebenten Tage ist Sabbath dem Herrn, deinem Gotte; da sollst du keinerlei Arbeit tun, du, dein Sohn, deine Tochter, dein Knecht, deine Magd, dein Vieh und dein Fremdling, der in deinen Toren weilt. Denn in sechs Tagen hat der Herr

Himmel und Erde gemacht, das Meer und alles, was darinnen ist, und er ruhte am siebenten Tage. Darum segnete der Herr den Sabbathtag und heiligte ihn.“ (2. Mose/Exodus 20,8–11 nach Schalom Ben-Chorin)

Es braucht eine gute Minute, um diesen Text ruhig zu lesen. Und lesenswert ist er allemal – auch mitten in den Tagewerken. Es nimmt wirklich wunder, daß nicht breit von der Arbeit die Rede ist in den Geboten. Das ausgebreitetste aller Gebote widmet sich vielmehr der Nicht-Arbeit, eben dem Sabbat. Und es bezieht sich unmittelbar auf den schaffenden Gott, seine höchsteigene Ruhe. Das Gebot der Ruhe ist ein Gebot des ruhenden Gottes. Vielmehr ein Abglanz ist es seiner Ruhe.

Ich liebe es, die Arbeit zu unterbrechen. Ein Gang in einen anderen Raum ist fällig. Ein kleines Gespräch. Ein Blättern vielleicht in einem Buch. Das Betrachten eines Bildes. Das Ordnen von Dingen, die liegen blieben. – Ich weiß, daß solches Tun, das auch in den Pausen lebt, im Alter leichter fällt, in den Phasen jenseits des „ordentlichen“ Berufs. Aber selbst die, die den Erwerbsberuf wirksam gestalten wollen, die auf seine „Effektivität“ bedacht sind, wissen oder beginnen zu lernen, daß wohlgesonnene Pausen keine verlorene Zeit sind. Sie „rechnen“ sich gar und werden der Arbeit zum Gewinn. Obwohl sie nicht bloßes Mittel zum Zweck sind. Obwohl sie auch an sich zu betrachten bleiben. So erinnert inmitten der Produktionsprozesse des Nutzens die Pause an den Nutzen der Nutzlosigkeit.

Was die Bilder betrifft, so läßt sich in der Tat das Nachdenken über den Sabbat mit Bildern durchsetzen. Minutenbilder mögen es sein, – Bilder, die die leise Aufforderung in sich enthalten, eine Minute über ihnen innezuhalten. Aber was heißt eine Minute? Diese „Minute" duldet es nicht, auf den Minuten-, gar Sekundenzeiger der Uhr zu blicken und sie abzukontrollieren. Es zeigt sich, daß die Minute des Innehaltens die Zeit aufhält. Sie läßt sich nicht fortreißen vom hemmungslosen Drang des Fernsehkonsums. Sie widersteht dem blinden Fortgang und verweilt gern im Sehen. Sie erinnert daran, daß der Sabbat zum heilsam widerständigen Moment werden kann in unserem Leben.

Ein Knabe hat mit dem Besen gekehrt, kehrt aber den Besen um und balanciert ihn mit Lust den Weg entlang. Das ist ein Minutenbild zum Sabbat. – Ein altes Paar hat eingekauft, eilt aber mit dem Einkauf nicht gleich nach Hause, sondern verweilt gemächlich sitzend am Platz. Das ist ein Bild zum Sabbat im Alltag. – Ein junges Paar hält in einem herrlichen Wust Kinder und Spielgerät und sich selber im Zimmer locker verteilt. Das ist ins Bild gesetztes Sabbatlachen, durch das das Leben gedeiht. – Eine Gestalt bewegt sich in Hektik und Eile und Hast und kommt nicht zur Ruhe, bis sie mit letzter Kraft und einem letzten gewaltigen Satz landet im Grab. Das ist eine Zeichnung, die drastisch zeigt, wie der Antisabbat das Leben erbarmungslos zu Tode treibt. (Wer diese und andere Bilder aus dem näheren und weiteren Umkreis des Sabbats Auge in Auge betrachten will, mag zu dem Text-Bild-Heft „Sabbat halten – Arbeit loslassen" greifen, das in der Reihe „Die 10 Gebote" im Verlag am Eschbach erschienen ist.)

Wie der einzelne Mensch nicht nur dahingeht, sondern dahinrast, so rast – durch ihn selber beschleunigt – die Zeit. Von allen Seiten tönt es, wir seien in das digitale Zeitalter eingetreten. Als lebe man nur noch per Bildschirm.

Als werde die Welt regiert durch den Computer. Nur würden unvermeidlich die Augen geschwächt. Womöglich auch die lebendigen Aufmerksamkeiten? Das Geheimnis einer leidlich intakten Weiterexistenz scheint zu sein, daß eine schmale Spalte von Sabbat in den neuformatierten Arbeitsalltagen erhalten bleibt oder sich einklicken läßt. Ich meine die Minute des Innehaltens; – sich also nicht auf Dauer auf den Bildschirm fixieren zu lassen, sondern die Fixierung willentlich und gelassen immer wieder zu unterbrechen. – Ich sah den jungen Mediziner in seiner häuslichen Arbeitsnische am Bildschirm sitzen. Unter ihm – in Vaters Nähe – purzeln und trudeln und tummeln sich die beiden Kinder. Es bleibt nicht aus, daß er seine Arbeit gelegentlich unterbricht, ihnen übers Haar fährt, sich zu ihnen niederbückt, womöglich mit ihnen eine kleine Runde spielt. Sabbatminuten am progressiven Arbeitsgerät.

Die Stunde der Ruhe

Sabbat ist ein hebräisches Wort, – von fern her und doch ganz nah. Der Sabbat – in all seinen Zeitnuancen – hat auch seine deutsche Wortbedeutung. Und die meint nichts anderes als: „aufhören“, „abspannen“, „loslassen“. Der Sabbattag ist der Loslaßtag. Das Sabbatmoment ist das Loslaßmoment in unserem Leben. Die Sabbatfeier ist die Feier des großen Loslassens. Die Kräfte der Freiheit und der Befreiung strömen ein. Das Leben erhält Auftrieb, ohne zu fragen, warum und wozu. Es spürt sehr deutlich: In sich und in der „Wonne des Sabbats“ hat es seinen Sinn. Das ist letztlich gewollt. Das ist geboten.

Davon soll niemand ausgenommen sein. Denn der Atem ist kostbar. Und der Sabbat ist der Tag des wahrhaften Atemholens. Wie der Abend – der Feierabend – das Atemholen des Tages ist, – wenn er nicht eingespannt bleibt in den harten Takt des Arbeitstages, wenn er die Chance wahrnimmt zum tieferen Atmen.

Ich bin ruhelos, auch im Untergrund. Mich verlangt nach einer Stunde der Ruhe. – Ich bin völlig verkrampft. Ich bedarf einer sanften Entspannung. – Ich bin ganz und gar abgehetzt. Ich werde mich im Durchatmen üben. – Ich habe mich in meinen Alleingang verrannt. Ich muß abends mit jemandem lässig sprechen. – Ich habe mir zuviel vorgenommen. Jetzt lasse ich getrost einiges sausen. – Ich kann mich mit aller Gewalt zu keiner Lösung durchringen. Vielleicht stellt sie sich ein, wenn ich locker lasse. – Ich neige dazu, nicht aufzuhören, und verlängere den Tag immer wieder in die Nacht hinein. Aber der Tag muß seinen Abend haben. Der Tag will seinen Abend haben. Er sucht seinen Sinn im Abend.

Nicht, daß die Stunden vor der Stunde der Ruhe ohne Sinn wären. Der Allerschaffende – der Schöpfer – blickt aus seiner Ruhe auf die Stunden seines Tagewerks zurück und findet sie „sehr gut“. So auch mögen seine schöpferischen Geschöpfe in ihrer endlich erreichten Ruhe rückblickend sagen: Es gab die Arbeit des Tages, und es war womöglich manches Gute darunter. Ja, daß es die Arbeit des Tages gab, ist an sich schon gut. – Wem jedoch das Tagewerk fehlt, wer arbeitslos wurde, den mag in den Stunden der Ruhe und ihnen voraus die große Unruhe ergreifen: Ich verlange nach Arbeit und daß meine Arbeit ihren Sabbat erhält. Mein Sabbat ist arbeitslos. Er verkümmert ohne Arbeit. – Es sei denn, der „Sabbat“, die frei gewordene Zeit, setzt selber Energien und Phantasien frei zu einer Beschäftigung, einer Betätigung jenseits eigentlicher Erwerbsarbeit, zum Malen und Schreiben, zum Gestalten und Musizieren, zum Gang ins Freie, zum Entdecken dessen, was vor die Hand kommt, zum Handanlegen an ein gemeinsames Werk, das hilfreich ist, das alte Arbeitserfahrungen einbringt in einen anderen, neuen Bereich, das verschüttete Fähigkeiten in mir freilegt, das Lust zum ungezwungenen Tun und Mitwirken weckt. – Aber das darf nicht den Willen mindern, allen vorab den Tragegrund der ihnen gebührenden Erwerbsarbeit zu sichern. – Zugleich wiederum tun Horizonte sich auf für den Sabbat des Lebens, seinen Abend, seinen Ruhegang, für das Alter.

Gelegentlich dringt durch, wie Pioniergruppen sozialer Dienste oder Interessenteams ihre Tage gestalten. Der Abend spielt dabei eine große Rolle. Tagesinitiativen werden ausgetauscht. Erfahrungen verbünden sich. Entwürfe und Planungen erblicken das Licht, werden wechselseitig vorangebracht. Die Atmosphäre ist offen für das bedächtige und das freimütige Wort. Das Spiel schwingt sich in die Reihen ein. Womöglich ermüdet und womöglich beschwingt sind die Versammelten zugleich. Der Sabbat des Tages hat seine schöpferische Lebendigkeit.

Der Tag der Rast

Die Woche treibt hin oder zielt hin auf einen Tag der Rast. Der Samstag ist der Tag der Rast. Und was ist das Rasten anderes als das Loslassen der Arbeit? Im übrigen steckt im Samstag auch dem Worte nach der Sabbat drin. Und Rast entstammt einer Grundbedeutung von Ruhen und Verweilen. Der Samstag bietet sich als Ruhetag an. Und Verweiltag ist auch kein schlechter Name. Bei all dem Dahinhetzen müssen wir uns im Verweilen üben.

Aber der Samstag, der freie Samstag, der Samstag in seiner Freiheit ist unter den Verhältnissen der Welt nicht selbstverständlich. Er wurde erkämpft. Von der Arbeiterbewegung wurde er erkämpft. Von der Arbeiterfamilie wurde er ersehnt, von den Kindern zumal. „Samstags gehört Vati mir!" stand auf einem großen Plakat. Doch immer wieder greifen Hände nach dem freigekämpften Samstag. – Kaum ins Bewußtsein ist dabei gedrungen, daß am Anfang der Bibel der Kampf um den Sabbat stand. Er ist ein Ursprungsdatum biblischen Glaubens. Die Hebräer arbeiteten als Hereingekommene oder Hereingeholte – als Gastarbeiter – in Ägypten. Ihre Arbeitsprodukte, die Ziegelsteine, trugen das Siegel des Pharao. Ihre Zahl nahm zu, und ihre Arbeit wurde zur Zwangsarbeit, zur Fron. Sie verlangten nach einem Tag, den sie ihrem Gott heiligten. Das hieß zugleich: Sie verlangten nach einem Tag, an dem die Arbeit aufhörte, nach einem Tag des Atemholens. Die Antwort des Pharao war erhöhte Norm, verschärfter Arbeitszwang. Es kam zum Auszug aus der ägyptischen Gefangenschaft.

„ICH bin dein Gott, der ich dich herausgeführt habe aus dem Land Ägypten, aus dem Haus der Knechte." So heißt es im Prolog, im Vorspruch, im entscheidenden einleitenden und begründenden Satz zu den Geboten, also auch zum Sabbatgebot. Hier spricht das Evangelium des Alten Testaments. Hier meldet sich die Initiative zur Befreiung aus der geknechteten Zeit. – Ich bin dein Gott, der dir aus dem Druck der Verhältnisse Freiraum eröffnet.

Ich bin dein Gott, der dich herausführt aus dem Denken des puren Profits, das an deinem Lebensmark zehrt. Ich bin dein Gott, der dir entgegen den selbstverschuldeten Plagen der Hast und der Hektik den Tag der Rast verschafft. – Der Tag der Rast, der Sabbat, war einzigartig, ein staunenswertes Wunder, in der alten Welt. Und staunenswert ist er nicht minder, wo er heute gelingt.

Eine Oase des Sabbats ist Mea Shearim in Jerusalem, der Bezirk der Chassidim, der Nachfahren vornehmlich osteuropäischer Juden, deren frommes Leben in der Zeit der deutschen NS-Herrschaft nahezu vernichtet wurde. Am Sabbat herrscht unter ihnen eine heitere, eine eifrige, eine nichtgeschäftliche Geschäftigkeit. Die Synagogen werden besucht. Kleine Räume oft, unmittelbar an der Straße, voll sind sie, überfüllt bis in die Gänge. Die festlich gekleideten Männer beten. Ihr andächtiges Murmeln schwillt auf und schwillt ab. Eine einzelne Stimme erhebt sich laut und spontan und sinkt wieder nieder. Viele der Beter wippen, rucken, schwingen mit ihren Körpern. Das Beten ist ein bewegtes und bewegendes Geschehen. Und stapelweise liegen die Gebetbücher bereit, abgenutzt vom unentwegten Gebrauch. – Die Frauen freilich sind aus den gemeinsamen Beträumen ausgeschlossen. Draußen beten sie, gedrängt vor bestimmten Fenstern oder zu Hause auf den Balkonen,- auch in ihren besten Gewändern, die Bücher preziös und in Goldschnitt nicht selten, aber eben – vorerst noch – außerhalb der Wände, außerhalb der Mauern. Während die Kinder springlebendig und überaus geduldet sich spielend ihrer Freiheiten freuen. In Mea Shearim ist Sabbat. Kein einziges Auto, kein Fahrzeug ist zu erblicken.

Der Tag des Sabbats ist dadurch gesegnet, daß der Gott

der Befreiung herausgeführt hat aus dem Sklavenhaus. Die Herausgeführten sollen am Tage der Rast die Freude der Freiheit genießen. Zugleich sollen sie wirksam derer gedenken, die noch in Unfreiheit leben. Die Menschen unter der Armutsgrenze, die Landlosen in Lateinamerika zum Beispiel, denen von den Überreichen das ihnen gebührende Stück Erde immer noch vorenthalten wird, – wann werden sie endlich aufatmen? Die Millionen Kinder zumal in den sogenannten Entwicklungsländern, die schon im kleinen Alter ins Joch von billig entlohnten Erwerbsarbeiten eingespannt sind, – wann werden sie endlich frei sein, wie Kinder zu spielen? Die ungezählten Frauen in aller Welt, die das Leben tragen und denen das Leben geringgeschätzt und geschmälert wird, – wann werden sie endlich zu ihrem Recht und zur ihnen gemäßen Entfaltung kommen? Der Tag der Ruhe wird durch solche Fragen in Unruhe gehalten, damit er nicht zum billigen Ruhetag wird. Wehe, wenn dieses Fragen ihm verlorengeht. „Gesegnete Unruhe!“ pflegt Hans de Boer, ein welterfahrener Christ, die zu grüßen, denen er begegnet ist.

Das Jahr der Brache

Was ist der Tag? Ein kleines Jahr! Das kleine Jahr will auch zum großen Jahr werden. Der Sabbattag verlangt nach dem Sabbatjahr. Und in der Tat: Auch das Sabbatjahr wird in der hebräischen Bibel verkündet, modellhaft wird es verkündet in einer Weise, der wir womöglich noch weit hinterherhinken. Denn was wäre ein Sabbatjahr in meinem Leben oder gar ein sich wiederholendes, ein alle sieben Jahre eingebautes Sabbatjahr? Es wäre ein Heraustreten aus dem gewohnten Kreis der beruflichen Pflichten. Es wäre ein Abstandnehmen vom eingeschliffenen Arbeitsgang. Es wäre ein Hochheben des Kopfes mit einem Umschauhalten nach übersehenen – übergangenen – Möglichkeiten, nach fruchtbaren Neuansätzen, nach Öffnung und Weitung und Vertiefung künftiger Horizonte. In einem langfristigen Los- und Lockerlassen wäre die Chance intensiver und gründlicher wahrzunehmen, als sie der wöchentliche Rasttag kurzfristig bietet. Dazu mag auch das umschauende Nach- und Vorausdenken dienen über den eigenen Stand und Lebensstandard. Eine bedachte Rücknahme von Ansprüchen und Zugriffen wirkt günstig ein auf eine zu ändernde Arbeitswelt. Und eine sich ab- und einstimmende Umorientierung der Lebensweise wirkt günstig ein auf die Mitwelt, in die wir hineingeschaffen sind. Das Sabbatjahr gewönne eine zum Wohle wandelnde Kraft.

Aber das Sabbatjahr hat eine weitergreifende Ausstrahlung. Es meint nicht nur den Menschen. Es meint das Land. Es meint die Erde. Es gewinnt einen planetarischen Horizont. Was hat der Mensch mit der Erde angerichtet? Was schlägt das Sabbatjahr für die Erde vor?

„Sechs Jahre lang sollst du dein Land besäen und seinen Ertrag einsammeln. Aber im siebenten sollst du es sich selbst überlassen und es unbestellt lassen, und die Armen deines Volkes sollen sich davon nähren, und was diese übriglassen, sollen die Tiere des Feldes fressen.“ (2. Mose/Exodus 23, 10–11 nach Martin Noth)

Bedacht wird die Erde. Sie soll sich erholen. Bedacht werden die Armen. Ihnen ist kraft der Ernte der Erde aufzuhelfen. Bedacht werden die Tiere. Sie sollen ihre Nahrung aus dem Vorrat der Erde haben. Und alles das hat zu tun mit dem Jahr des Sabbats.

Brache hat unter uns einen fast verächtlichen Klang. „Es liegt etwas brach", das scheint zu heißen: Es bleibt etwas ungenutzt, bald wird es verkommen. Bald aber wird es zu sich kommen! Das ist der Sinn der Brache. In der Bibel – in der gelassenen Souveränität ihres Denkens und Handelns – gewinnt die Brache ihre Würde. In der Brachzeit entspannt sich das Land und sammelt in sich die herausgenommene Kraft. Die Erde gewinnt Energie, die sie verteilt, – wenn ihr der Quell der Erneuerung nicht versiegt und ihr Humus und Untergrund nicht verdirbt und verödet durch den Raubbau der Menschen. Die Brache wird zur Überlebenskunst zugunsten der Erde und der auf ihr und durch sie Lebenden. Es ist eine sanfte Kunst. Selig sind, die sich auf die Kunst der Brache verstehen. Unter ihrer Hand wird die Erde gedeihen.

Hier und da treten junge Menschen auf, die einen staunen lassen. Sie üben den produktiven Verzicht. Sie nehmen die Lohnarbeit auf das Nötige zurück. Sie setzen die freigewordene Zeit für das ihnen wahrhaft Notwendige ein. In diesem dem herrschenden Denken „jenseitigen" Tun wird ihnen der scheinbare Verlust zum tatsächlichen Gewinn. Man mag auch sagen, sie seien eine Art „Sabbatarbeiter". Pioniere sind sie jedenfalls einer künftigen Sabbatkultur.

Der Jubel der Entschuldung

Der Sabbatskandal aber sind die Armen. Kaum daß sie ein Übriggelassenes von den „Feldern" auflesen können. Daß die Armen immer ärmer, die Reichen immer reicher werden, ist fast zum – leichthin überhörten – Schlagwort geworden. Leider ist es wahr. Es ergibt sich ein Stau der Armut. A. Paul Weber hat ein schockierendes Warnbild gezeichnet, nach dem die leergelassenen Armen einbrechen in den Palast der Reichen, wo diese an ihren überfüllten Tafeln schlemmen. Dabei wird von Experten Eindämmung und Absenkung, ja durchgreifende Überwindung des Welthungers für durchaus möglich gehalten bei durchgängig zumutbaren Änderungen im Einzel- und im Gesamtverhalten.

Der Gedankengang läßt sich auch anders ansetzen, direkt beim Sabbatprozeß. Danach erweist sich der Mensch als geprägt durch einen Siebenerrhythmus, so daß der Rasttag nicht zufällig auf den siebenten Tag der Woche fällt. Alle sieben Jahre, so heißt es, ersetze sich im Menschen der Bestand seiner Zellen. Das Leben hindurch ergeben sich siebenjährliche potentielle Wende- und Umbruchsphasen, in denen neue Akzente fällig werden. Träfe dies biographisch zu, warum dann nicht auch historisch? So könnte man meinen. Sieben mal sieben Jahre wären eine angemessene Inkubationszeit für einen eingreifenden Wandel. Für die Armen, wenn sie denn Ähren von den Feldern und Brosamen von den Tischen lesen, wenn sie denn auf Hilfsgelder angewiesen sind und in Schulden geraten, wenn ihnen denn verwehrt geblieben ist, aus Eigenem zu leben und sie sich an Besitzende angekettet sehen, für die Armen also, nein: für die in Armut Gehaltenen, für die Verarmten wird ein Umbruch der Situation nunmehr fällig, das heißt: eine groß angelegte Entschuldung.

Eben auf eine solche Entschuldung will die vom Sabbat

ausgehende Vision, man könnte wohl sagen: die Wirtschaftsvision der hebräischen Bibel hinaus:

„Und du sollst dir sieben Sabbatjahre abzählen, sieben Jahre sieben mal, und es wird dir die Zeit der sieben Sabbatjahre 49 Jahre sein. Und dann sollst du am 10. Tag des 7. Monats das Lärmhorn erschallen lassen. ... Und ihr sollte das Jahr der 50 Jahre heiligen und Befreiung im Land ausrufen für alle Bewohner. Jobel soll das für euch sein. Und ihr sollt zurückkehren, ein jeder zu seiner Sippe. Jobel ist das. ... Das ist das Jobeljahr, in dem jeder wieder zu dem Seinen kommen soll." (3. Mose/Levitikus 25,8–13 nach Frank Crüsemann)

Allerdings ist nicht verbürgt, ob es tatsächlich zu voll gefeierten „Jobeljahren" mit Wendefolgen für die Verarmten gekommen ist. Uns sind eher gestrichelte Umrißzeichnungen überliefert. Doch läßt sich vom Jobeljahr als dem „Gefäß einer großen Hoffnung" (Zimmerli) sprechen. Und wenn sich das Wort „Jobel" ableitet vom Widderhorn (Schofar), wenn damit ein Brach- und Befreiungsjahr eingeblasen wird, wenn der Jubel der Befreiten und Schulderlassenen sich mit dem Jobel des Ankündigungshorns verbindet, dann ist eine Richtung gewiesen, die es wahrzunehmen gilt und die die leitende Weisung in einen großen „zukunftsgestaltenden" Zusammenhang stellt: „Du sollst den Sabbat eine Wonne nennen" (Jesaja 58,13 nach Hans Walter Wolff).

Entdeckungsreise zum unbekannten Kontinent „Sabbat-Sonntag"

Albrecht Goes, Ein Lächeln inmitten der Schöpfung. Sonntagsgedanken, Verlag am Eschbach, 1996.

Charta einer Sabbatkultur

Ein langer Brief, den ich gerade erhalte, mündet in die Frage nach der Zeit. Diese Sekretärin, so schreibt er, sei völlig frustriert von ihrer geistlosen, sie unterfordernden Arbeit, die obendrein familiär kaum etwas bringe. „Auf meine Frage, warum sie denn überhaupt da hingehe, meinte sie verzweifelt: ‚Was soll ich denn zu Hause den ganzen Tag machen?'" Dem Briefschreiber selber „hat sich diese Frage noch nie gestellt". Ganz im Gegenteil: Mitten in all diesem Unerledigten, – wann komme ich endlich zum „Lesen"? Oder eben auch: Wann stellt mein Sabbat sich ein und mit welchen Qualitäten? – Wie denn in einer eben gehörten Sendung Zeitforscher erklären: Wir werden immer schneller und haben immer weniger Zeit. Paradox geht es zu. Vom rasenden Stillstand ist da die Rede, zumal vor dem Computer. In all dem Diffusen, das auf einen eindringt, seien Akzente der Wichtigkeit zu setzen. Der Geist geht zu Fuß. Es geht um Zeiteinholung in einer Kultur der Langsamkeit. Das wird zum universalen Problem. Und kühn hat schon Erich Fromm formuliert: „Man könnte fragen, ob es nicht an der Zeit wäre, den Sabbat als universellen Tag der Harmonie und des Friedens einzuführen, als den Tag des Menschen, der die Zukunft der Menschheit vorwegnimmt."

Wenn also alle Welt – bewußt oder unbewußt, direkt oder indirekt – sich mit dem „Sabbat" befaßt, mit dem unbelasteten Tag, mit dem erfüllten Tag, mit dem festlichen Tag: liegt es dann nicht nahe, eine Charta einer Sabbatkultur wenigstens ansatzweise zu skizzieren?

Erstens: Die Sabbatkultur weiß sich gesegnet, – wie im jüdischen Haus am festlich gedeckten Tisch der Hausvater den „Kiddusch“, den Segen über dem Kelch, spricht und Gesänge und Lesungen einstimmen in die Feier des Ruhetags. Segen war es, als der befreiende Gott Israel aus der festlosen Fron in Ägypten herausgeführt hat. Zum Segen soll der Sabbat-Tag sein „um des Menschen willen“ und heilsam dem Leben, wie Jesus es weithin verkündet.

Zweitens: Die Sabbatkultur achtet auf den Atem des Geistes, der Seele, des Leibes. Atem – Odem – ist ihr das große Wort, und zum „Eratmen“ (Martin Buber) zu helfen, ist sie gesandt. Die Atemlosen zur Ruhe des Atmens, zum Glück des Atmens, zur Tiefe des Atmens zu befreien, wird ihre Wonne sein.

Drittens: Die Sabbatkultur dient der Pflege der „essentiellen Kräfte – beten, studieren, essen, trinken, singen, lieben“ (Erich Fromm). Sie richtet „Exerzitien“ einer „fruchtbaren Muße“ ein (Guy de Larigaudie). Sie übt sich – aus der Ruhe heraus – in Einfühlsamkeit und spontaner Wahrnehmung, hält Räume des Spielens offen und wird zum Ferment einer ganzen „Atmosphäre, eines anderen Klimas“ (Abraham J. Heschel) unter uns und um uns herum.

Viertens: Die Sabbatkultur macht reich an Zeiten der Einkehr, des Eintauchens, des heiteren Verweilens, des aufsässigen Nichtstuns, der störenden Stille, des fast unmöglichen Gegenwärtigseins. Sie liebt die Quelle, und sie liebt den Brunnen. Sie hält unser Dasein für durchaus würdig des Innehaltens, des dichten und des sich lösenden

Sinnens, der durchsichtigen Leichtigkeit und der gesammelten Intensität.

Fünftens: Die Sabbatkultur beginnt als Kultur der Frau, die am Vorabend die Kerzen anzündet und in deren Bild der Sabbat erscheint als „Juwel“, als „Prinzessin“, als „Queen“. Ihr Licht verheißt einen anderen Weg als den von weltweiten Männertendenzen. Im Umkreis Jesu wird eine niedergekrümmte Frau zur „Tochter Abrahams“ und feiert den Sabbat als Tag ihrer Aufrichtung.

Sechstens: Die Sabbatkultur hat von Beginn an und unerhört für die antike Welt auf Sklavenbefreiung hingewirkt. „Damit der Sohn deiner Sklavin und der Gast aufatme“ (2. Mose/Exodus 23,12). Für einen frei gehaltenen, einen herausgehobenen, einen exemplarischen Tag stellt sie das Modell einer „klassenlosen Gesellschaft“ vor Augen (Schalom Ben-Chorin).

Siebtens: Die Sabbatkultur macht den Fremdling heimisch und kümmert sich gleichen Sinns um den Gast. „Denn der Herr, euer Gott, … liebt die Fremden und gibt ihnen Nahrung und Kleidung – auch ihr sollt die Fremden lieben, denn ihr seid Fremde in Ägypten gewesen“ (5. Mose/Dtn 10,17–19). „Der hebräische Sabbat ist universal“ (Nathan Peter Levinson) und gönnt allen im Umkreis die Ruhe, – die Feier des gemeinsamen Tages.

Achtens: Die Sabbatkultur feiert das Sein und nicht das Machen und nicht das Haben. Daß alle am Sein in Freiheit teilhaben sollen, ist ihre große Vision. Deshalb gibt sie nicht Ruhe, solange sie noch ein vorhandenes Sklavenhaus, ein vorhandenes Sklavenland, einen vorhandenen Sklavenstaat sieht.

Neuntens: Die Sabbatkultur bewahrt Erholungssubstanz und verhindert verfrühten Verbrauch. Sie achtet für alle auf die Tage der Arbeit und auf den Tag der Rast. Sie sieht zu, daß die Arbeit niemandem zur Fron wird und daß sie immer Spuren von Sabbat auch in sich enthält.

Zehntens: Die Sabbatkultur schiebt und drängt und baut sich bewußt in eine Zivilisation des Antisabbats hinein, – des Lärms und des Gestanks, des Staus und des Smogs, des Stresses und der Hektik, des Straßen- und des Städteinfarkts. Sie übt bewegliche Langsamkeit, Geduld füreinander, schonsamen Umgang. Sie modelliert an der verkehrsberuhigten, der fußgängerfreundlichen, der fahrradgünstigen Stadt, in der man maskenlos aufatmen kann, die wirklich mit Plätzen geziert ist, auf denen Älteste und Jüngste heiter und ungefährdet beieinander sind und miteinander spielen.

Elftens: Die Sabbatkultur betreibt ein Projekt des produktiven Verzichts. Sie entläßt das Auto, mindestens aber vermeidet sie jede überflüssige Autofahrt wie auch jeden anderen Aufwand, der die Mitwelt schädigt. Stattdessen erschließt sie verkümmerte Qualitäten des eigenen Gehens und Sehens und wachen Empfindens: Denn „alles soll wo immer möglich den Sinnen vorgeführt werden, was sichtbar dem Gesicht, was hörbar dem Gehör, was riechbar dem Geruch, was schmeckbar dem Geschmack, was fühlbar dem Tastsinn“ (das ist die goldene Regel des Jan Amos Comenius, und Rabbi Josua ben Chananja wußte von einem köstlichen Gewürz, das in Form von Sabbatkörnern in den Speisen des Lebens duftet).

Zwölftens: Die Sabbatkultur nimmt der unbarmherzigen Zeit, dem Tempo, das Menschen zu Wracks macht, die Peitsche aus der Hand. Sie kennt das Geheimnis der überholenden Langsamkeit. Sie kultiviert die barmherzige, die sanfte, die elastische Zeit und lagert sie nuancenreich ein an den von ihr erkundeten Lebensorten und Lebensstufen und Lebenspassagen.

Dreizehntens: Die Sabbatkultur hilft der Erde, zu ruhen und zu sich zu kommen und sich zu regenerieren im Sabbatjahr als dem Jahr der Brache. Sie behandelt die Erde nicht als beliebiges Marktobjekt, sondern als lebendiges Wesen mit einem sensiblen Rhythmus seines eigenen Lebens. Sie spricht vom Erdrecht, von der Erdatmosphäre, vom Erdplaneten als dieser unwahrscheinlichen, überaus kostbaren Oase im All.

Vierzehntens: Die Sabbatkultur malt, und wir staunen vor dem Farbenbogen mit den Sabbattönen, wie er dem Bogen Gottes und seines Bundes mit den Menschen entspricht. Die Sabbatkultur baut, und wir halten inne vor dem Palast des Sabbats mit seinen behutsamen Stunden und freudigen Minuten, an dem der weise Abraham J. Heschel lebenslang wie im Auftrag modelliert hat. Und die Sabbatkultur pflanzt, – aus dem Grunde der Ruhe kommt uns durch Wüsten verlorener und vergeudeter und verdorbener Zeit die Oase des Sabbats in Sicht.

Wolfgang Dietrich

Ich will dich segnen, und du sollst ein Segen sein

Der Segen im Judentum
von Pinchas Lapide

„Am Anfang schuf Gott Himmel und Erde“ – so beginnt unsere Bibel, wobei jedoch der Urtext mit dem Buchstaben BETH anhebt: BERESCHIT, was „Am Anfang“ heißt – und nicht mit dem ALEPH, dem als erster Buchstabe die Ehre des Anfangs zukommen sollte.

Wäre es nicht angebracht gewesen, die Torah mit ALEPH beginnen zu lassen anstatt mit einem Buchstaben, der doch zweitrangig zu sein scheint? So fragt einer der Rabbinen. Die Antwort des Talmuds lautet, daß der Segen, zu dem ja die ganze Torah bestimmt ist, „Beracha“ heißt, und mit BETH beginnt – während das hebräische Wort für „Fluch“ mit ALEPH anhebt. Und so gilt Gottes erster Segen in der Schöpfung der Tierwelt, die am sechsten Tage ins Leben gerufen wurde: „Und Gott segnete sie und sprach: Seid fruchtbar und mehret euch“. (Gen 1, 22), was dann am selben Tag an das erste Menschenpaar als erweiterter Segensauftrag ergeht: „Seid fruchtbar und mehret Euch, füllet die Erde und betreut sie, und herrschet … über die ganze Tierwelt!“ (Gen 1, 2)

So begegnen wir in Der Schrift vorerst Dem Schöpfer-Gott, Der Leben schenkt, ins Dasein ruft, Sein Werk „gut“ heißt und ihm Seinen Segen gewährt – als Beistand zur Bewahrung und Bewährung des Lebens.

Segnen heißt aber auch: Die Gabe der Fruchtbarkeit verleihen – dem Feld, dem Korn, dem Tier und den Menschen – was auch das natürliche Erlöschen des Lebens umfaßt, damit neue Fruchtbarkeit sich entfalten kann. Der Schöpfungssegen umfaßt daher auch die Sexualität – „als Mann und Frau schuf er sie“ – als Fähigkeit, die Lebensfreude zu steigern und das Leben fortzupflanzen. Er verleiht den Menschen ebenso eine Herrschaftsgewalt und, nicht zuletzt, die Verantwortung, die er über alle anderen, von Gott gesegneten Mitgeschöpfe als Treuhänder Gottes ausüben soll.

Kurzum: Keine Segensgabe ohne Segens-Aufgabe, deren Erfüllung jene Gottesnähe erwirkt, aus der die Heiligkeit hervorgeht (Gen 2, 3).

„Füllet die Erde und machet sie Euch untertan!“ So übersetzt Martin Luther den Auftrag zum Mitschöpfen – und fügt in einer Randglosse hinzu: „Untertan – das heißt die Erde soll Euch hierin dienen, tragen und geben.“ Das ist aber grundfalsch und hat bis heute noch tragische Folgen! Geht es doch hier um eine fatale Feudalisierung der Bibel; eine Entwürdigung der Schöpfung zu einem hörigen Untertanen, der ausgebeutet, unterjocht und zum leblosen Gegenstand verdinglicht werden darf. Der hebräische Wortlaut liefert hierzu keinerlei Vorwand! Im Urtext ergeht vielmehr der Auftrag an uns alle, als Stellvertreter Gottes. Seine Welt weise zu regieren, nicht brutal zu usurpieren; mit Güte zu erhalten, nicht aber zu vergewaltigen. Als Ebenbild Gottes soll der Mensch den Erdbereich so sorgsam und fürsorglich betreuen, wie Gott selbst tagtäglich mit uns umgeht. Von „bebauen und bewahren“ einer Erde ist die Rede, die gar nicht uns gehört, denn „Mein ist der ganze Erdkreis“, so spricht der

Herr, „ihr aber seid bei mir nur Fremdlinge und Gastarbeiter für kurze Zeit“ (Lev 25, 23).

Ein Tatbestand, den die Gebote der Baumpflege, des Tierschutzes und des Sabbathjahres uns immer wieder einschärfen. Was aus der Schrift erklingt, ist ein einziges Hohelied von der Freiheit unserer guten Erde und der Gesamt-Natur, die uns lediglich als Darlehen übergeben wurde – als ausdrücklichen Segen Gottes, der keine Veruntreuung duldet. Wer da noch einen Freibrief zum Raubbau oder zur Umwelt-Unterwerfung herauszulesen gewillt ist, verzerrt das Gotteswort; er begeht mutwillige Lästerung – oder er liest an der Schrift vorbei.

Während im Buche Exodus viel vom rettenden Handeln Gottes die Rede ist, bleibt die Urgeschichte unter dem Zeichen des Segens, der seine eigene Dynamik des Keimens, des Wachsens und Reifens hat – in der sich Gott als Der auf Erden Wohnende und Wirkende offenbart.

Während der Retter-Gott als Einmaliger handelt, Dessen Heilstat als nicht wiederholbares Erlebnis erfahren wird, erweist Sich Der Himmlische Segens-Spender als Ein Gott der Fortdauer und der Regelmäßigkeit, auf dessen Beistand Verlaß ist.

Im Grunde geht es um die Frohbotschaft, daß alle Teile der Gesamt-Schöpfung in einer sinnvollen Gänze des Wachstums zusammengefügt worden sind. Kurzum: „Du hast sie alle in Weisheit geschaffen und einander zugeordnet“, wie Psalm 104 es im Schöpfungslob zusammenfaßt.

Wie das Segnen und das Retten Gottes ineinander fließen, in einer nahtlosen Kontinuität des Heilshandelns, erhellt wohl am klarsten das alte Bekenntnis der Bauern im biblischen Israel, das im Tempel beim Darbringen der Erstlingsfrüchte gesprochen wurde:

„Wenn Du in das Land kommst, das Dein Gott Dir als Erbe gibt … so nimm von den ersten aller Früchte, die Du einbringst von Deinem Land … lege sie in einen Tragkorb … und der Priester soll ihn vor den Altar Gottes setzen“ (Dtn 26, 1–4). Dieser Dank für den Erntesegen beruft sich jedoch vorerst auf die Rettertat Des Exodus-Gottes, Der Befreiung gab, um Sein Volk ins verheißene Land zu führen, in dem dann die Segensfülle des Weizens und der Gerste, der Weinrebe, der Feige, des Granatapfels, der Oliven und der Datteln erfahren wird (Dtn 8, 8). Die Errettung aus Not und Tod wird als Vorbedingung verstanden, um hinzuleiten zum Segen des gesicherten Genusses all jener Gnadengaben, mit denen Gott Seinen Ackerboden bedacht hat. Von der Fruchtbarkeit der Zeichen und Wunder des Auszuges aus der Sklaverei führt der Weg zur Fruchtbarkeit der Teilhabe am überbordenden Leben Gottes, das die Erde füllt.

Warum schuf Gott die Welt? So fragen die Meister der jüdischen Kabbalah – worauf die Antwort lautet: Aus Liebe! Denn nur die Liebe braucht ein Gegenüber, das anders ist als Du, und dennoch Dir im innersten Wesen gleicht. Und so schuf Gott den Menschen und gab ihm Seinen Segen, als Träger Seines Ebenbildes, auf daß er sich selbst und die ihm anvertraute Schöpfung verwalte, gestalte und entfalte – zum Preis Gottes und zum Segen aller Geschöpfe auf Erden.

Doch Gott gab ihm als Mitgift auf dem Lebensweg auch volle Freiheit – die er alsbald zum Ungehorsam, zum Brudermord und zum Nächstenhaß mißbrauchte. Kurzum: Die adamitische Menschheit wurde immer mehr korrupt und verdorben, bis die Sintflut sie tilgen mußte. Nur Noach wurde verschont und von neuem gesegnet, jedoch seine Nachfahren verfielen abermals in Hochmut und Gottlosigkeit, so daß moralische Finsternis wiederum das Antlitz der Erde bedeckte. Da sprach Gott: Es werde Abraham – und es ward Licht.

Fünfmal war zuvor vom Fluch die Rede, der auf der Urwelt lastete. Verflucht wurde die Schlange, der Ackerboden, das Blutvergießen, die vom Brudermord verunreinigte Erde, und zuletzt auch Kanaan, der jüngste Sohn des Noach.

Doch nicht Verdammnis ist Gottes letztes Wort, sondern Vergebung. Und so beginnt Der Herr der Welt Sein Experiment Mensch zum dritten Mal – diesmal mit einem Einzelnen, der Kraft seines Glaubens die irre-gegangene Menschheit zurück zu Gott zu führen bestimmt ist. Und so heißt es nun fünfmal „Segen" im Auftrag an den Erzvater, so wie einst das Wort „Licht" fünfmal das Erstlingswerk der Schöpfung durchleuchtet hat.

„Ich werde dich zu einem großen Volke machen; ein Segen sollst Du werden ... durch Dich sollen alle Geschlechter der Erde Segen erlangen" (Gen 12, 3). So heißt es aus Gottes Mund beim Auszug aus Haran, nach Abrahams Fürbitte für das sündige Sodom, und zuletzt nach der bestandenen Versuchung Abrahams wird ihm der endgültige Segen verbürgt.

„Weil Du Deinen einzigen Sohn bereit warst dahinzugeben, will Ich Dein Geschlecht segnen und mehren wie die Sterne am Himmel und wie der Sand am Ufer des Meeres" (Gen 22, 16 f.) – ein Satz, auf den Paulus sich später beruft, um Jesu Sühnetod als Gott-gefälliges Selbstopfer zu deuten (Röm 8, 32). In der Rabbinischen

Überlieferung hallt er mit Wehmut wider: „Dieses Volk Israel wird mit dem Sand und den Sternen verglichen, denn wenn es sinkt, so ist es bis zum Staub gesunken; erhebt es sich aber, so hat es sich bis zu den Sternen erhoben“ (Megilla 16a).

Letztlich ergeht derselbe globale Segen an Abrahams Sohn Isaak und seinen Enkel Jakob – eine wahrhaft überströmende Segensfülle, wobei in allen fünf Segnungen die verheißene Volkswerdung sowie die Landzusage nur als Wegstationen zu einem gemeinsamen Endziel dienen sollen: als Mittlervolk der göttlichen Vorsehung zu dienen, um der nach Sündenfall, Sintflut und Turmbau neu erstandenen Menschheit den Segen Gottes weiterzugeben und sie einer Groß-Ökumene aller gottesfürchtigen Menschenkinder zuzuführen.

„Sei ein Segen!“ So heißt das einzigartige Gotteswort – gleichsam als Befehl an die Weltgeschichte, ein Schöpfungswort, das den Patriarchen zum verkörperten Segen macht. Mehr noch! Du selbst sollst ein Segner sein, wie bisher nur Gott allein es war – so lautet die unwiderrufliche Sendung, die an Abraham und durch ihn an all seine Kindeskinder ergeht. Wenn Gott dann mit Abraham einen dreifachen Bund schließt, der sowohl ihm selbst als auch seinen leiblichen Nachkommen und, nicht zuletzt, all seinen geistigen Nachfolgern gilt, so kann es für das Judentum nicht belanglos sein, daß sich seine beiden „Tochterreligionen“ auf Israels Stammvater als Urheber ihres Glaubens berufen.

So wird Abraham im Römerbrief „unser Stammvater“ (Röm 4, 1) und „der Vater unser aller“ (Röm 4, 16) genannt, während der Koran ihm huldigt als „Führer der Menschheit“ (Surah II, 124 ff.), als „erster Muslim“ und als „Vorbild Muhammads“, des Propheten – alles geistige Ausstrahlungen jener ursprünglichen Segenskraft, die zur Versöhnung, zum Frieden und zur Eintracht aufruft. Gemeint ist hier weder eine Scheineinheit noch eine Pseudoökumene, sondern *Eintracht* in der Gott-gewollten Vielfalt der Glaubenswege aller drei Zweige des Mono-Theismus.

Und so segnet Abraham seinen Sohn Isaak, aber auch dem Ismael, der zum Patriarchen aller Araber werden soll, gilt der Göttliche Segen: „Zwölf Fürsten soll er zeugen“, so heißt es, „und auch ihn will Ich zu einem großen Volke machen“ (Gen 17, 20) – was in der Tat auch geschehen ist.

In der dritten Generation aber wird es klar, daß der Segen zwar nicht verdient, wohl aber verspielt, erworben, aber auch verdorben werden kann. Zwei feindliche Brüder, Rivalen vom Mutterleib an, wetteifern um den väterlichen Segen. Isaak liebt Esau, doch Rebekka zieht ihren jüngeren Sohn Jakob vor. Um ein Linsengericht verkauft Esau seinem Bruder die Erstgeburt, worauf Rebekka und Jakob den erblindeten Isaak überlisten, um seinen Segen zu ergattern. Fersenschleicherei nennt es die Bibel. Was nun folgt, ist ein Gewebe aus Familienfehden, Rachegelüsten, Mordgedanken, Flucht, Verbannung und Streit – trotz des erschlichenen Segens. Skandalös, dieser Jakob! Das soll ein Vorbild sein für ein ganzes Volk? Doch Gott läßt ihn gewähren – wie alle von uns – bis zur Heimkehr und der Einsicht. Dort an der Grenze der Furt am Jabok muß Jakob sich entscheiden. In der anbrechenden Dunkelheit läßt er alles los: All seine Habe und Herden, seine Familie und sein Erbgut schickt er hinüber ins Gebiet seines auf Rache sinnenden Bruders. Er entblößt sich des erschlichenen Segens und bleibt allein zurück. Hier steht er nun in Furcht und Zittern, stellvertretend für uns alle – schmerzlich bewußt seiner Schwächen, aber festentschlossen, den Weg der Umkehr einzuschlagen.

Da überfällt ihn Einer zu Mitternacht und ringt mit ihm auf Leben und Tod. Noch weiß Jakob nicht, mit wem er kämpft, doch mitten im Zweikampf reift sein Beschluß: Kein Lug und Betrug mehr, noch ein schlaues Streben nach Macht, sondern fortan ein offenes Leben, das die Auseinandersetzung nicht mehr scheut und alles vom Segen Gottes erhofft.

„Ich lasse Dich nicht, es sei denn, Du segnest mich!“, so sagt er dem Gegner, in dem er den Boten Gottes erahnt. Es war in der Tat ein „Gotteskampf“, in dem das Göttliche im Herzen Jakobs gegen seine niedrigen Triebe gekämpft hat – und den alten Fersenschleicher bezwingen konnte.

„Du sollst nicht mehr Jakob heißen, sondern Israel – der Streiter Gottes – denn mit Gott und mit Menschen liegst Du im Kampf und trägst den Sieg davon!“ So heißt nun der neue, redlich errungene Segen.

„Die Sonne strahlte ihm“ – so heißt es jetzt von Israel, der sein altes Ego überwunden hat, um angeschlagen, aber nicht geschlagen, als Sieger hervorzutreten, *ohne* zu triumphieren. Ganz im Gegenteil! Der bekehrte Jakob unterwirft sich dem betrogenen Bruder, siebenmal wirft er sich vor Esau nieder und bittet um Vergebung. Und da geschieht es: Der racheschnaubende Esau, der gelobt hatte, Jakob totzuschlagen, eilt ihm entgegen, fällt ihm um den Hals, und beide weinen. Er hatte den überlegenen, vielgewandten Erbschleicher erwartet, doch wer ihm da entgegenkommt, ist ein Gelähmter, der mühsam vorwärts hinkt. Diese Gestalt entwaffnet ihn und wandelt sein Herz. So hat Gott den Jakob in Israel verwandelt, durch eine Lähmung an der Hüfte gerettet und mit Demut gesegnet.

Durch Schwäche hat er sich selbst bewältigt und zugleich den Esau besiegt. Im Angesicht des Bruders sehen beide nun den Segen Gottes, der ihnen auf Umwegen zuteil wurde, – dem Israel am Jabok, dem Esau nachträglich von Isaak, – ein Spätsegen, der ihnen nun zur Versöhnung verhilft.

Ob diese Geschichte nicht auch uns heute weiterhelfen könnte?

Wie eng oft Segen und Fluch zusammenhängen, bezeugt die Erzählung vom heidnischen „Seher" Bileam, der vom Moabiterkönig Balak gedungen wird, um die Stämme Israels zu verfluchen. Ehe Bileam den Auftrag übernimmt, holt er jedoch den Rat Gottes ein, der ihm befiehlt, nicht mit den Männern des Balak zu ziehen: „Verfluche das Volk nicht", so lautet das Geheiß, „denn es ist gesegnet!" (Num 22, 12). Balak erhöht seinerseits sein Honorarangebot und verspricht, ihn mit Geschenken zu überhäufen. Und in der Tat, unser Bileam möchte von Herzen gern das Unternehmen Fluch durchführen. Abermals befragt er den Herrn, der überraschenderweise eine Konzession macht: „Geh mit Balak, aber sage nur, was ich Dir in den Mund legen werde!" Bileam hüpft das Herz im Leibe, denn er glaubt, sich durchgesetzt zu haben. Doch halt! Sein treues Reittier belehrt den Weissager eines Besseren. Die Eselin, die klüger ist als ihr Meister und mehr sieht als der Seher selbst – nämlich den Engel des Herrn, der ihr den Weg versperrt – wird zwar geschlagen, tut aber ihr Maul auf, um Bileam zurechtzuweisen.

Bei Bileam ist der Groschen jetzt gefallen: „Auch wenn mir Balak sein Haus voll Gold und Silber gäbe, so könnte ich doch nicht übertreten das Wort des Herrn – weder im kleinen noch im großen“ (Num 22, 18), so teilt er den enttäuschten Moabitern mit. Dreimal versucht es Balak mit allen Künsten der Verführung:

„Komm doch, verfluch mir Jakob; verwünsche mir, bitte, Israel!“ Dreimal versucht Bileam, den lohnenden Auftrag zu erfüllen, doch sosehr er auch Verdammnis donnern will, seine Zunge bleibt gefesselt.

„Wie soll ich fluchen, dem Gott nicht flucht?“ So verteidigt er sich, nur um dem Heerlager Israels eine glückliche Zukunft als Segen Gottes zu verkünden: „Wie gut sind deine Zelte, Jakob; deine Wohnungen, Israel!“ – So beginnt seine widerwillige Lobpreisung, die längst in die Synagogenliturgie eingegangen ist. Balak ist verzweifelt: „Wenn Du schon nicht verwünschen willst, so segne sie doch wenigstens nicht!“ So schreit er den Seher an, der aber kann nur stotternd wiederholen: „Habe ich es Dir nicht gesagt: Ich muß alles tun, was Der Herr mir befiehlt!“ – worauf er Israel zum dritten Mal segnet. Und Balak ihn wutentbrannt des Landes verweist.

Kein Wunder, daß die jüdische Überlieferung „das Prinzip Bileam“ zum Decknamen für jene Macht erklärt hat, „die stets das Böse will, doch oft das Gute schafft“.

Doch nicht nur der Fluch kann von Gott in Segen verwandelt werden. Auch der Segen kann zum Fluch werden, wie die Propheten wiederholt betonen:

„Wenn Ihr nicht auf Mein Wort hört und Meiner Weisung nicht folgt, so spricht Der Herr, dann mach Ich diese Stadt Jerusalem zu einem Fluch bei allen Völkern der Erde!“ So tönt Jeremia in heiligem Zorn (Jer 26, 4–6), und

Maleachi droht den Priestern, die dem Gottesbund untreu geworden sind:

„Wenn ihr nicht von Herzen darauf bedacht seid, Meinen Namen in Ehren zu halten, so spricht Gott Der Herr, dann schleudere Ich Meinen Fluch gegen euch, und verfluche den Segen, der auf euch ruht" (Mal 2, 2).

Die Gabe der freien Wahl, so lernen wir, gleicht einem zweischneidigen Schwert: Beide Wege stehen uns offen, und die Entscheidung zwischen ihnen bleibt keinem Adamskind erspart: „Leben und Tod habe ich euch vorgelegt; Segen und Fluch!" So heißt der Aufruf an uns alle: „Darum wählet das Leben" (Dtn 30, 19) – als Segen für Dich, Deine Nachkommen und Deine Umwelt. Denn wer selber den Segen empfangen hat, ist dadurch auch dazu beauftragt, selber zu segnen. Jeder Segen ruft zur Liebe und zum Segnen auf.

Charakteristisch für die jüdische Frömmigkeit ist daher die große Anzahl der Segenssprüche, die sowohl den Alltag als auch die Liturgie der Synagoge durchziehen. Vom Aufstehen, das mit dem Gotteslob beginnt, bis zum Niederlegen, wenn Gott als Der Spender der Nachtruhe gepriesen wird, gibt es kaum eine Handlung, die nicht durch eine *Beracha* – eine Segnung, begleitet wird. Beim Händewaschen, beim Brotbrechen, beim Trinken oder Essen, beim Anblick des Regenbogens, bei der Begegnung mit einem Gelehrten – all dies gibt Anlaß zur Segnung, als stetige Erinnerung an Den gütigen Schöpfer und die Fülle seiner Liebesgaben.

Die Bezeichnung „Jude" kommt ja von Juda, oder besser gesagt: *Jehuda,* dem Sohn der Stammutter Lea, die bei seiner Geburt mit Freude ausrief: „Nun will ich Dem Herrn danken – darum nannte sie ihn Jehuda“ (Gen 29, 35) – was nichts anderes bedeutet als: Es sei gedankt! oder: Er sei gepriesen!

Während im Deutschen das Wort „danken“ mit „denken“ zusammenhängt, bedeutet „danken“ (modeh) auf hebräisch auch „bekennen“.

Wie sinnvoll *beide* sprachlichen Verbindungen sind, ergeht daraus, daß jeder, der über die Natur in ihrer unendlichen Vielfalt und Schönheit nachdenkt und sie als Gotteswerk, nicht als Produkt des blinden Zufalls noch als Selbstverständlichkeit erachtet, wohl kaum umhinkann, Dem Schöpfer für Seine Gabenfülle zu danken, Ihn zu bekennen und anzuerkennen. So wird aus jeder Danksagung ein deutliches Bekenntnis: *Die Erde gehört Dem Herrn!*

Er hat sie uns zur Nutzung verliehen, so wie Er „jedem Lebewesen seine Speise gibt“, wie es im Tischgebet heißt. Wir aber wissen, daß nichts selbstverständlich ist – weder das tägliche Brot noch die Gesundheit oder unsere Schaffenskraft. Durch Gott wird alles, was da leibt und lebt. Demgemäß kann der Talmud sagen: „Wer aus dieser Welt einen Genuß zieht, ohne Segensspruch, der hat gleichsam Gott beraubt“ (Ber 35 b).

Wer aber den Danksegen nicht vergißt, der erlöst die in allen Dingen verborgenen Göttlichen „Funken“ und führt sie zu ihrem Ursprung zurück – wie die Mystiker der Kabbala es lehren.

In der Talmuddebatte über die Segnungen macht Rabbi Levi auf einen scheinbaren Widerspruch aufmerksam. Heißt es doch im Psalm 24: „Die Erde ist Des Herrn und alles, was darauf und darin ist.“ Aber im Psalm 115,16 lesen wir: „Die Erde gab Er den Menschenkindern." Wem also gehört die Erde?

Die Antwort der Weisen betont, daß hier kein Widerspruch zwischen den beiden Aussagen bestehe, denn der erste Vers spricht ja vom Zustand *vor* dem Segensspruch; der zweite hingegen bezieht sich auf den Zustand *nach* erfolgtem Segensspruch, der uns zu legitimen Empfängern der unverdienten Schenkungen Gottes macht.

Was ist aber die volle Bedeutung dieser *Beracha,* als Segensspruch, der bei Jesus im Neuen Testament mit „Danksagung" übersetzt wird – wie etwa beim täglichen Brotsegen, wo es über ein Dutzend Mal heißt: „Jesus sah auf gen Himmel, dankte, brach das Brot und gab davon den Jüngern …" (Mt 14, 19; 15, 3 etc.)

Sicherlich schwingt in diesem Segen die Dankbarkeit mit sowie eine Lobpreisung, mitsamt dem Wunsch für Glück und Gedeihen, aber vor allem bringt er eine ganz neue Beziehung des Menschen zu Gott zum Ausdruck: Er erwirkt die bewußte Förderung von Gottes Heilswillen auf Erden, indem er das menschliche Tun – und sei es noch so geringfügig – zur Würde einer Mitarbeit an der Heilung dieser Welt erhebt. Das Irdische wird gleichsam seiner Banalität entkleidet, und indem wir den Segen über eine Handlung sprechen, stellen wir sie wieder in die Ordnung Gottes zurück, und verleihen ihr einen Schimmer vom Abglanz Der Himmlischen Herrlichkeit. Die Prosa des Alltags gewinnt so ihre Weihe; Sabbath und Feste erhalten dank der Segnung einen Hauch von Poesie, und jedes Mahl, jedes Kerzenanzünden wird zum Gottesdienst der freudigen Lebensbejahung.

Im Judentum beginnt daher die Heiligung am Abwaschbecken, so daß es nichts Gemeines, Niedriges oder

Wertloses im Menschenleben geben kann, dem nicht durch den Segen seine Gott-Gewolltheit zurückerstattet wird. So z. B. gibt es auch einen Segensspruch nach Verrichtung der Notdurft, in dem der Mensch Dank sagt für das gesunde Funktionieren seiner Eingeweide – ein Lob, das jeder nachfühlen kann, der einmal Dienst in einem Krankenhaus getan hat.

Beim Priestersegen heißt es in der Bibel auf Gottes Geheiß: „Ihr sollt Meinen Namen auf die Kinder Israel legen, daß Ich sie segne“ (Num 6, 27).

Es ist also nicht der Priester, der den „Aaronitischen Segen“ erteilt, sondern Gott Selbst, Der Sich der Nachkommen Aarons bedient, sozusagen als Sprachrohr, um Seine Gnade der ganzen Betgemeinde zu übermitteln:

„Der Herr segne dich und behüte dich.
Der Herr lasse Sein Angesicht leuchten über dir
und sei dir gnädig.
Der Herr erhebe Sein Angesicht über dich
und gebe dir Frieden.“ (Num 6, 24–26)

Die dreifache Nennung Des unaussprechlichen Gottesnamens, Der hier in Demut durch „Herr“ ersetzt wird, verweist mit Nachdruck auf Den Schöpfer als Den Alleinigen Segensspender, aber auch auf die Totalität der menschlichen Existenz, der hier Lebenskraft und Wohlergehen, Geborgenheit und Behütung vor Übeln zugesagt wird.

Der erste Teil dieses Segens drückt den Wunsch aus, Gottes Schutz teilhaftig zu werden, jedoch kann das Schlüsselwort: *we-Jischmerecha* auch von *Schemarim* abgeleitet werden, was mit Hefe zu übersetzen wäre. In der chassidischen Deutung liegt der tiefere Sinn darin, daß der Mensch durch die Göttliche Ausstrahlung, die vom Segen ausgeht, innerlich in heilsame Gärung gerät – wie ein Teig durch die Hefe – um sich langsam, still und ständig weiter zu entfalten, zu wachsen und zum vollen Menschentum heranzureifen.

Dem jüdischen Verständnis der Beziehung von Gott und Mensch gemäß, die auf einer Partnerschaft beruht, sagt Gott in einer der schönsten Stellen im Talmud zum Hohenpriester:

„Ismael, Mein Sohn, segne Mich!" (Ber 7a) – was dann auch geschieht. Genau wie Gott um Seinen zerstörten Tempel weinen kann, mit Seinem Volk in die Verbannung zieht und die Leiden Seiner Kinder zu teilen gewillt ist, genau so bedarf Er auch des menschlichen Segens. Denn der Mensch, der für die Gaben Gottes danksagt, segnet ja Gott Selbst – und *nicht* etwa die Speise noch den Trank. Der Jude segnet *über* das Brot und *über* den Wein hinweg Den Geber aller Nahrung, aber *kein* Gegenstand auf Erden kann durch den Segen geheiligt werden.

Daß Jesus es ebenso gehalten hat, ergibt sich aus einer genaueren Lesung der Evangelien. Bei der Speisung der 5000 heißt es zwar in Lukas 9, 16, daß Er die fünf Brote und zwei Fische gesegnet habe, aber in drei sehr alten Handschriften spiegelt die ursprüngliche Lesart dieser Stelle das jüdische Brauchtum wider, indem sie besagt:

„Und Jesus segnete *über* ihnen" (Codex Bezae, Itala & syrische Übersetzung). Dasselbe gilt für die frühchristliche „Apostellehre" der Didache (9. Kapitel), in der der Segen *über* Brot und Wein gesprochen wird, die man dann in der apostolischen Bruderschaft zu teilen pflegte.

Aber kann man Gott anklagen und Ihm zugleich vertrauen; mit Ihm hadern und Ihn segnen zu gleicher Zeit?

Luther bejaht diese Frage in seiner Vorrede zum deutschen Psalter, indem er behauptet, daß „das Allerbeste", was er in den Klagepsalmen finden konnte, sei „eben der Widerstreit solcher Worte gegen Gott und mit Gott" – ein Zwieklang, der ihnen „in doppeltem Maße Ernst und Leben" verleiht.

Bestätigung für diese Paradoxie kommt auch aus Auschwitz, wo anno 1944 zehn fromme Juden zusammensaßen, um Gericht über Gott zu halten.

„Herr der Welt", so sagte der Ankläger:

„Du hast uns geboten, das Kalb nicht zusammen mit der Kuh zu schlachten und die Vogelmutter nicht mit ihren Jungen zu töten. Hier aber läßt Du täglich Söhne mit ihren Vätern umbringen, und Du bleibst stumm. Sollte Der Richter aller Welt nicht in Gerechtigkeit richten?"

Drei Nächte lang ging der Prozeß hin und her, bis schließlich der Urteilsspruch einstimmig erfolgte: „Gott ist schuldig!" – Worauf der vorsitzende Rabbi zu seinen Leidensgefährten sagte:

„Kommt, Juden, laßt uns Den Namen Des Heiligen segnen!"

In der biblischen Erzählung von Jakobs Traum lesen wir in einem Satz, der auch im Johannesevangelium (1, 51) widerhallt:

„Und siehe, eine Leiter stand auf Erden, die rührte mit der Spitze an den Himmel, und siehe, die Engel Gottes stiegen daran auf und nieder" (Gen 28, 12).

Die Frage stellt sich: Warum stiegen sie *erst* hinauf und *dann* hernieder? Wohnen sie denn nicht im Himmel?

Sicherlich, so besagt die rabbinische Antwort, aber viele von ihnen sind dauernd auf Erden beschäftigt – als Retter, Helfer und Boten Gottes; so mancher von ihnen sogar in Menschengestalt.

Aber warum das dauernde Auf- und Niedersteigen?

Die Engel steigen *hinauf,* so heißt es in einer alten Deutung, um alle Segenssprüche der Menschen vor Gott zu bringen; sie steigen dann wieder *hernieder,* um Gottes Segen zu uns herabzuholen. Die Leiter selbst ist ein lebloses Ding, ein willenloses Werkzeug, aber sie dient der pausenlosen Wechselbeziehung zwischen oben und unten, auf der die Welt besteht.

Der Strom der gegenseitigen Segnungen, die zu Gott emporsteigen und herab auf uns alle kommen, – er ist es, der Himmel und Erde zusammenhält und der Erde den festen Bestand gewährt. Auf der Leiter-Spitze aber steht vor jedem Sabbatheingang der Erzengel Michael und erinnert uns an Gottes Theologie der Freiheit, in der aber auch der Aufruf zur Vervollkommnung der Erde ergeht:

„Leben und Tod habe Ich Euch vorgelegt; Segen und Fluch. So wählet denn das Leben! Ihr und Eure Nachkommen, damit Ihr alle am Leben bleibet!“ (Dtn 30, 19).

So lasset uns denn Gott danken, loben und preisen, um Sein Angebot mit beiden Händen anzunehmen: Partner Gottes zu werden im noch unfertigen Schöpfungswerk dieser guten Erde, die auch unseren kreativen Segen dringend benötigt – sowohl für ihren Fortbestand als auch für ihre Weiterentfaltung.

Oder wollen wir Gottes Langmut wirklich auf die Zerreiß-Probe stellen?

Zuspruch

Gott, der Lebendige,
der Ursprung und Vollender allen Lebens
segne dich,
gebe dir Gedeihen und Wachstum,
Gelingen deinen Hoffnungen,
Frucht deiner Mühe.
Er behüte dich vor allem Argen,
er sei dir Schutz in Gefahr und Zuflucht in Angst.

Gott lasse sein Angesicht über dir leuchten,
wie die Sonne über der Erde
das Erstarrte wärmt und löst
und das Lebendige weckt in allen Dingen.
Er sei dir gnädig, wenn du schuldig bist.
Er löse dich von allem Bösen und mache dich frei.

Gott erhebe sein Angesicht auf dich.
Er schaue dich freundlich an.
Er sehe dein Leid und höre deine Stimme,
er heile und tröste dich
und gebe dir Frieden,
das Wohl des Leibes, Wohl und Heil der Seele,
Liebe und Glück,
und führe dich an dein Ziel.

Amen.
Das heißt: So will es der lebendige Gott,
so steht es fest nach seinem Willen
für dich.

Jörg Zink (nach 4. Mose/Numeri 6, 24–26)

Verzeichnis der Autoren, Texte und Quellen

Armenischer Lichtsegen („Gepriesen seist du, Gott“) 78
© Verlag am Eschbach.
Rose Ausländer, Versöhnung 19
aus: dies., Im Aschenregen die Spur deines Namens. Gedichte und Prosa 1976, © S. Fischer Verlag GmbH, Frankfurt/M. 1984.

Ingo Baldermann, Sprache des Segens und der Liebe 28
aus: ders., Ich werde nicht sterben, sondern leben. Psalmen als Gebrauchstexte, Reihe: Wege des Lernens, Bd. 7, © Neukirchener Verlag, Neukirchen-Vluyn 1990.
Dietrich Bonhoeffer, Der Tag 16
Abendgebet „Herr, mein Gott ich danke dir“ 80
© Chr. Kaiser/Gütersloher Verlagshaus, Gütersloh.
Phil Bosmans, Fang den Tag von heute 65
aus: ders., Blumen des Glücks mußt du selbst pflanzen, © Verlag Herder, Freiburg i. Br., 26. Aufl. 1995.
Wilhelm Bruners, Am Ende 75
© beim Autor.
Wilhelm Bruners, Rat 66
aus: O. Berg/W. Bruners/Th. Villiger, Großer Gott klein. Wortgottesdienste, © Patmos Verlag, Düsseldorf 1993.

Petrus Ceelen, Jeden Tag aufstehen 65
© beim Autor.

Wolfgang Dietrich, Oase in der Zeit. Von der „Wonne des Sabbats“ 104
Charta einer Sabbatkultur 119
Originalbeiträge, © Verlag am Eschbach.
Hilde Domin, Bitte 7
aus: dies., Gesammelte Gedichte, © S. Fischer Verlag GmbH, Frankfurt/M. 1987.

Franz von Assisi, Sonnengesang („Höchster, allmächtiger“), ins Deutsche übertragen von Max Bolliger 66
aus: Max Bolliger, Euer Bruder Franz, Verlag Huber, Frauenfeld – Stuttgart.

Romano Guardini, Der Morgen 62
Die Tagesmitte 70
Der Abend 73
aus: ders., Von heiligen Zeichen. 2. Taschenbuchauflage 1995, S. 68–75, Matthias-Grünewald-Verlag, Mainz (Topos-Taschenbuch 220). Alle Autorenrechte am Werk Romano Guardinis liegen bei der Katholischen Akademie in Bayern.

Martin Gutl, Zeit für das Beten 72
Aus Hoffnung schlafen („Den bewußten Tag ablegen“) 88
aus: ders., Der tanzende Hiob, © Verlag Styria, Graz – Wien – Köln, 6. Aufl. 1992.

Almut Haneberg, Segnende Hände 15
© bei der Autorin.

Abraham J. Heschel, Das tiefe und unaufhörliche Bewußtsein 20
aus: ders., Gott sucht den Menschen. Eine Philosophie des Judentums, Information Judentum, Bd. 2, © Neukirchener Verlag, Neukirchen-Vluyn, 4. Aufl. 1995.

Gertrud Hanke-Maiwald, Am Abend 77
Mit freundlicher Genehmigung der FONDA GmbH, München.

Hanns Dieter Hüsch, Psalm „Ich bin vergnügt“ 61
aus: ders., Das Schwere leicht gesagt, © tvd-Verlag, Düsseldorf 1991.

Iona-Kommunität in Schottland, Ich zünde ein Licht an 79
aus: Das Kleine Gottesdienstbuch. Liturgien der Iona-Kommunität in Schottland, hrsg. von der Beratungsstelle für Gestaltung von Gottesdiensten und anderen Gemeindeveranstaltungen, Frankfurt/M., 2. Aufl. 1995.

Jüdisches Abendgebet („Gesegnet seist Du“) 32
aus: Jakob J. Petuchowski, Gottesdienst des Herzens, © Verlag Herder, Freiburg i. Br. 1981.

Jüdisches Morgengebet („Gesegnet seist Du“) 25
Quelle unbekannt.

Klagelieder 3, 21–26 („Dies nehme ich zu Herzen“) 18
aus: Die Bibel nach der Übersetzung Martin Luthers. Revidierte Fassung von 1984, © Deutsche Bibelgesellschaft, Stuttgart.

Jochen Klepper, Morgenlied („Er weckt mich alle Morgen“) 91
Mittagslied („Der Tag ist seiner Höhe nah“) 94
Abendlied („Ich liege, Herr, in deiner Hut“) 97
Trostlied am Abend („In jeder Nacht, die mich bedroht“) 100
aus: ders., Ziel der Zeit. Die gesammelten Gedichte, © Luther-Verlag, Bielefeld 1977 (4. Aufl. 1987).

Wilma Klevinghaus, Jedes Erwachen 64
© bei der Autorin.

Pinchas Lapide, Ich will dich segnen, und du sollst ein Segen sein. Der Segen im Judentum 124
© beim Autor.

Lobgesang Simeons, Lukas 2, 29–32 („Nun läßt du, Herr, deinen Knecht“), aus: Einheitsübersetzung der Heiligen Schrift, 86
© Katholische Bibelanstalt, Stuttgart 1980.

Huub Oosterhuis, Gesegnet 43
aus: ders., Auf halbem Weg, © Verlag Herder, Wien 1975.
Huub Oosterhuis. Leben von Tag zu Tag. Die Lebenskunst des Kohelet, aus: ders., Leben von Tag zu Tag. Neue Gebete, 33
Texte und Lieder, © Benziger Verlag, Zürich 1992.

Psalmen 4; 91; 134 82
aus: Einheitsübersetzung der Heiligen Schrift, © Katholische Bibelanstalt, Stuttgart 1980.
Psalm 104 („Segne Gott, meine Seele"), übertr. von Jörg Zink 25
Psalm 139 („Herr, du erforschest mich"), übertr. von Jörg Zink 22
Textfassungen © Verlag am Eschbach.

Karl Rahner, Alltägliche Dinge. Theologische Meditationen 45
aus: ders., Alltägliche Dinge, © Benziger Verlag, Einsiedeln, 3. Aufl. 1965.
Anton Rotzetter, In Deine Hände lege ich 85
aus: ders., Gott, der mich atmen läßt, © Verlag Herder, Freiburg i. Br., 2. Aufl. 1995 der Neuausgabe.
Anton Rotzetter, Segen über Brot und Wein 30
© Verlag am Eschbach.

Fulbert Steffensky, Segnen. Gedanken zu einer Geste 8
© beim Autor.

VerfasserIn unbekannt, Herr, wir danken dir in dieser Abendstunde 80
Textfassung © Verlag am Eschbach.
Mein Abendgebet steige auf zu dir, Gott 82
Textfassung © Verlag am Eschbach.

Ulrich Wilckens, Vielfältiger Segen. Jochen Kleppers Tagzeitenlieder als geistliche Zäsuren 89
aus: Oliver Kohler (Hrsg.), In deines Herzens offene Wunde. In Erinnerung an Jochen Klepper (1903–1942), © Präsenz-Verlag, Hünfelden-Gnadenthal 1992, S. 106–118 (aus: Ulrich Wilckens, Kyrie. Zu den geistlichen Liedern von Jochen Klepper).

Lothar Zenetti, Gebet für Viele („Behüte, Herr") 87
© beim Autor.
Jörg Zink, Loslassen („Mit der Zeit umgehen lernen") 76
aus: ders., Die Mitte der Nacht ist der Anfang des Tages, Kreuz Verlag, Stuttgart 1968.
Jörg Zink, Wegsegen („Schwester oder Bruder, sei gesegnet") 69
© beim Autor.
Jörg Zink, In deine Hände, © Verlag am Eschbach. 85
Zuspruch nach 4. Mose/Numeri 6, 24–26
(„Gott, der Lebendige"), © Verlag am Eschbach. 141